監修者――加藤友康／五味文彦／鈴木淳／高埜利彦

［カバー表写真］
「卑弥呼」の文字がみえる『三国志』魏書東夷伝

［カバー裏写真］
「女王卑弥呼」
（榮永大治良画）

［扉写真］
箸墓古墳
（奈良県桜井市）

日本史リブレット人 001

# 卑弥呼と台与

## 倭国の女王たち

*Nito Atsushi*
仁藤敦史

目次

## 邪馬台国と卑弥呼

女王卑弥呼の都《みやこ》とされる邪馬台国《やまたいこく》▲はどこにあったのか。これは古代史最大の謎とされている。近世以来、九州説と畿内《きない》(大和《やまと》)説に分かれて議論が展開され、現在でも論争は継続している。

「魏志倭人伝《ぎしわじんでん》」(正式には『三国志《さんごくし》』▲魏書烏丸鮮卑《ぎしょうがんせんぴ》▲東夷伝《とういでん》倭人条、以下とくに断わらないかぎり「倭人伝」と略記する)によれば、三世紀の倭国《わこく》には邪馬台国《やまたいこく》の女王として卑弥呼と台与という二人の女王がいたと伝える。台与についての記述に、未婚であった卑弥呼の「宗女《そうじょ》」と記載されることからすれば、親子ではないが、同じ一族の出身であった。卑弥呼は、二世紀末の「倭国乱」▲と称される内乱を収拾するため、「共立《きょうりつ》」されて倭国の女王となった。「鬼道《きどう》」▲により、人びとの心をと

▼**邪馬台国**　「倭人伝」にみえ、伊都《いと》国など三〇カ国の連合体を統率する首都国、卑弥呼がその女王。

▼**『三国志』**　陳寿《ちんじゅ》(二三三〜二九七年)により三世紀末に編纂された魏・呉《ご》・蜀《しょく》の三国時代を記した紀伝体《きでんたい》の歴史書。

▼**烏丸・鮮卑**　いずれも紀元一世紀に匈奴《きょうど》の弱体化により分立した中国北部の遊牧民《ゆうぼくみん》。

▼**倭国乱**　「倭人伝」には、二世紀後半のわが国に起きた戦いを「倭国乱る」と書く。『後漢書』はその具体的な年代を「桓《かん》・霊《れい》の間、倭国大いに乱れ、更《さら》に相攻伐して歴年主《あるじ》なし」として、一四六〜一八九(本初《ほんしょ》元〜中平《ちゅうへい》六)年のこととする。

▼**鬼道**　卑弥呼は「鬼道」により衆をよく惑わしたと伝え、鬼神の力を行使する術で、シャーマンとして託宣《たくせん》を行ったと解釈されるが、具体的な内容については不明。

らえ、歳をとっても夫はもたず、「男弟」が「国治」を補佐した。女王になってからは人前に姿をあらわさず、多数の侍女《じじょ》に奉仕されていた。ただ一人の男性が食事の世話をし、取次ぎ役として居所に出入りすることができた。宮殿《きゅうでん》や高い物見台《ものみだい》・砦《とりで》などをいかめしくつくり、つねに武器をもった者が警備したという。

二三八（景初《けいしょ》二）年に魏王朝が、公孫氏《こうそんし》▲の支配下にあった楽浪《らくろう》・帯方《たいほう》二郡▲を平定すると、卑弥呼は、すかさず大夫難升米《たいふなんしょうまい》らを帯方郡に派遣し、魏の天子《てんし》への朝献《ちょうけん》を希望した。郡太守《ぐんたいしゅ》の劉夏《りゅうか》は彼らを魏の都洛陽《らくよう》まで送り届けた。そこで男女の奴婢《ぬひ》などを献上し、かわりに少帝から「親魏倭王《しんぎわおう》」の称号と金印紫綬《きんいんしじゅ》、「五尺刀《ごしゃくとう》二口」「銅鏡《どうきょう》百枚」などを授かった。二四五（正始《せいし》六）年には、魏は狗奴《くな》国▲と戦争状態にあった倭国の卑弥呼に対して「黄幢《こうとう》」▲をあたえ、支持を表明した。二四七（正始八）年にも「黄幢」「詔書《しょうしょ》」と「檄《げき》」▲がもたらされたが、使者の張政《ちょうせい》が到着したときには、卑弥呼はすでに死んでおり、「径百余歩」の大きな墓がつくられ、多数の奴婢の殉葬《じゅんそう》が行われたと伝える。

　卑弥呼の死後、かわって男王を立てたが、人びとは従わず、ふたたび騒乱が発生した。そこで卑弥呼の一族である一三歳の台与を立てたところ国内がおさ

▼**公孫氏**　度《ど》・康《こう》・淵《えん》を中心とする親子三代が、後漢《ごかん》末から三国時代の半世紀間、遼東《りょうとう》地域を中心に勢力を有した。

▼**楽浪郡・帯方郡**　楽浪郡は前漢の武帝《ぶてい》が前一〇八年に、朝鮮半島に設置した四郡の一つ。平壌《へいじょう》付近に比定される。その後、他の三郡は廃止または縮小したため漢王朝による朝鮮半島支配の中心となった。公孫氏により二〇四（建《けん》安《あん》九）年には屯有《とんゆう》県以南の南半分を帯方郡として独立させる。

▼**狗奴国**　「倭人伝」にみえる倭の国。邪馬台国の南に位置し、その男王は卑弥呼と対立した。

▼**黄幢**　軍隊の指揮や儀仗《ぎじょう》に用いる黄色の旗。黄色は土徳《どとく》を示す魏王朝の色なので邪馬台国が官軍であることを示すためにあたえられたか。

▼**檄**　木簡《もっかん》に書かれた触れ文あるいは諭し文。

まったという。台与は卑弥呼と同じく魏に朝貢《ちょうこう》している。『晋書《しんじょ》▲』にも二六六(泰始《たいし》二)年に朝貢記事がある。

本書では、こうした「倭人伝」の記述や最新の考古学的成果を基礎として、近年有力となった畿内(大和)説の立場に立ちながら、東アジア史の観点から卑弥呼の王権と公孫氏や魏王朝との外交関係を検討する。鬼道を駆使する卑弥呼は、普遍性を有する鏡の祭祀《さいし》により、倭国乱により疲弊した大人《たいじん》層の支持をえて「共立」される。そこでは、「一大率《いちだいそつ》▲」「大倭《だいわ》▲」「都市《とし》▲」などの国を超えた官職を設定することで、鉄資源や先進文物の流通をコントロールすることにより倭国王としての求心性が維持されていたと考えられる。近年では成立年代が三世紀にまでさかのぼると考えられるようになった前方後円墳《ぜんぽうこうえんふん》▲の成立プロセスを、普遍的な鏡の祭祀という視角から論じる。

▼**『晋書』**　唐太宗《とうたいそう》の命により房《ぼう》玄齢《げんれい》らによって六四八(貞観《じょうがん》二十二)年に編纂された晋(西晋・東晋)王朝について記した紀伝体の歴史書。

▼**一大率**　伊都国におかれた邪馬台国の地方統治機関。「一大率」は「一人の大率」の意味か。

▼**大倭**　国ごとの市場を監督する官名。

▼**都市**　諸国の市を監督する官職名。「大倭」に相当するものか。

▼**前方後円墳**　円形と方形の墳《ふん》丘《きゅう》を組み合わせた日本起源の特殊な古墳《こふん》形式。本州のほぼ全域に分布し、五世紀に巨大化する。その名称は、近世の国学者《こくがくしゃ》蒲生君平《がもうくんぺい》が『山陵志《さんりょうし》』において宮車《きゅうしゃ》を模倣したとの説を前提に、宮車の進行方向を前として命名した。成立時期は三世紀の中ごろとの説が有力化している。

# ①—外国史料としての「倭人伝」

## 枠組みの相対化

古代国家の成立以前には、現在の「国民国家▲」的な枠組みとは異なり、明確な国境や国籍は存在しなかった。奈良時代以降における律令《りつりょう》国家の成立以後においてさえ、北海道や沖縄地域はその領域外で、固有な領土とはなっておらず、本州を中心とした「日本」とは異なる独自の歴史が展開していた点は忘れるべきではない。したがって、現在の日本の枠組みを暗黙の前提とした領域的範囲、外国人とは区別された「日本人」という概念、すなわち「倭《わ》」や「日本」というまとまりは、古代では相対化して考える必要がある。すべては歴史的に形成され、認識された枠組みであることはたえず留意すべきである。本章ではこうした観点から中国の歴史書「倭人伝《わじんでん》」を素材として卑弥呼の人物像から三世紀の倭国社会を考えてみたい。

卑弥呼と台与という二人の女王の性格は、非常に共通する。第一には当時の男王では有さなかった普遍的な宗教的権威により、内乱を収拾し倭国の統合を

▼**国民国家**　市民革命後のヨーロッパで成立し、日本では明治維《い》新《しん》後の段階が相当する。領域内の国民として単一の単位にまとめられることを指向する。民族としての一体感が重要視されるため、国語・歴史・経済などが中央集権的に統一される。

保持した点であり、第二には中国王朝への積極的な遣使《けんし》により、倭国の国際的な地位を承認させ、さらには朝貢《ちょうこう》の見返りとしてえた銅鏡《どうきょう》などの威信財配布により内政上の立場を強化した点である。こうした性格は、個人的な資質によるだけではなく、当時の社会状況に大きく規定されていたと考えられる。

## 「倭人伝」の史料批判

卑弥呼のことを記す『三国志《さんごくし》』は、現在のような文章になるまでには、複雑な成り立ちをしており、その扱いは慎重を要する。卑弥呼の時代は、およそ二世紀から三世紀ごろの出来事になるが、ほぼ同時代という意味では比較的優良な史料にめぐまれている。すなわち、三世紀に成立した『三国志』や五世紀に成立した『後漢書《ごかんじょ》』▲という中国の正史《せいし》のなかに「東夷伝《とういでん》」と呼ばれる編目が残っており、それにより倭国の状況が知られる。しかし、同時代ということでは年代が接近しているが、当事者という点からすれば、はるか遠くの外国の人が、他国のことを筆記しているという点で正確さは劣る。外国史料という意味において、当時の倭国について古代中国の人びとが記述することは、まれに使者などが往来

▼**『後漢書』** 范曄《はんよう》(三九八〜四四六年)により編纂された後漢王朝についての紀伝体《きでんたい》の歴史書。二十四史の一つ。本紀《ほんぎ》一〇巻・列伝《れつでん》八〇巻・志《し》三〇巻の合計一二〇巻から構成される。成立は五世紀で、三世紀の『三国志』よりも遅れる。

▼**中華思想**　中国（中華）が文化的優越性を有する世界の中心であり、漢民族以外の周辺異民族に対して独自の価値を認めず、教化の対象と位置づける思想。異民族への蔑称として東夷・西戎・南蛮・北狄が用いられた。

する程度であるから、伝聞的なものが多いということが考えられる。

さらに留意すべきは、当時の中国の人びとの考え方である。「東夷伝」という名称自体が、周辺諸民族に対して差別的な古代中国人の考えを反映している。中国の中心部に住んでいる人びとを漢民族として一括するならば、そこに住んでいる人びとが文明的に一番優れていると、当時の人びとは考えていた。中原《ちゅうげん》から地理的に離れれば離れるほど、野蛮人《やばんじん》が住んでいると考えていた。これは、中華《ちゅうか》思想▲と呼ばれるもので、東夷《とうい》・西戎《せいじゅう》・南蛮《なんばん》・北狄《ほくてき》と表記されるように、東西南北それぞれに異なる種類の野蛮人が住んでいるという考えである。東方は「夷」、南方は「蛮」というように、方位ごとに違う種類の野蛮人がいると考えた。

また、風俗記事や里程《りてい》・方位記事の解釈で注意すべきなのは、倭国が現在の台湾や沖縄といった中国東南海上に位置すると誤解していたことである。すなわち、「倭人伝」が記す方位と距離に忠実に従うならば、はるか九州南方海上に邪馬台国を求めなければならず、実際倭国の所在地について「その道里を計るに、まさに会稽《かいけい》（現在の浙江省《せっこうしょう》）・東冶《とうや》（現在の福建省《ふっけんしょう》）の東に在るべし」と認識していること、「有無する所は儋耳《たんじ》・朱崖《しゅがい》（ともに現在の海南島《かいなんとう》におかれた郡）に同じ。倭の地は温暖にして、冬も夏も生菜を食らう」とあるように南方系の習俗を記していることが指摘できる。こうした前提で東夷伝の史料を扱うということが必要になる。倭国が魏《ぎ》と対立していた呉《ご》に隣接し、南方海上に位置する大国との魏側の認識が、魏王朝からの異例ともいえる倭国に対する丁重な外交方針を決定する要因ともなっていた。

## 史料としての『三国志』

基本史料としての『三国志』は、魏・呉・蜀《しょく》▲の三国が鼎立した時代の正史である。おおよそ二二〇（黄初《こうしょ》元）年から二八〇（太康《たいこう》元）年までの記載が中心で、著者の陳寿《ちんじゅ》▲が没する三世紀末には成立していた編纂物であるが、ほぼ同時代史料として位置づけられる。注意すべきは、基本的に魏書・蜀書・呉書という形で三国の歴史が書き分けられているが、東夷伝のような対外的な記述は、魏書にまとめられている点である。これは魏が先行する後漢王朝の正当な継承者であるという立場で描かれているためである。

▼**魏・呉・蜀**　二二〇（黄初《こうしょ》元）年、曹操《そうそう》の子である曹丕《そうひ》が後漢皇帝から帝位を譲られて魏を建国してから、二八〇（太康元）年に魏を継承した西晋《せいしん》が呉を滅ぼして中国を統一するまでを三国時代という。華北《かほく》の魏（二二〇～二六五）と江南《こうなん》の呉（二二二～二八〇）、四川《しせん》の蜀（二二一～二六三）という三国が抗争した。

▼**陳寿**　生没二三三～二九七年。晋の著作郎《ちょさくろう》であった太康年間（二八〇～二八九）に『三国志』を撰した。その他、『蜀相諸葛亮集《しょくそうしょかつりょうしゅう》』を二七四（泰始《たいし》十）年に撰している。

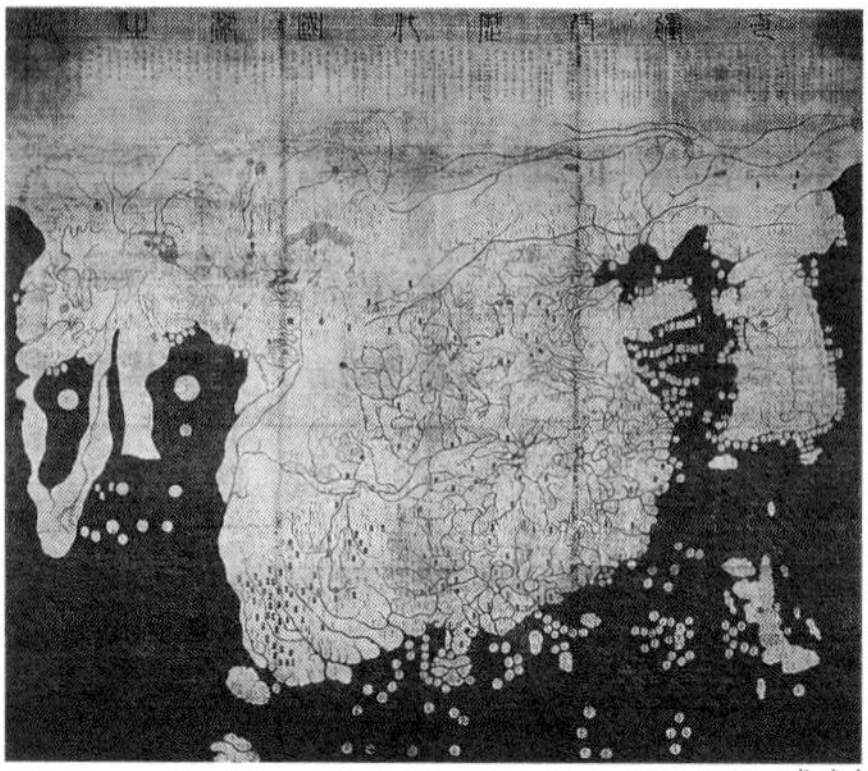

**「混一疆理歴代国都之図」**　奥付によれば，李沢《りたく》民《みん》による「声教広被《せいきょうこうひ》図《ず》」と僧清濬《せいえい》による「混一疆理図」をあわせ，さらに日本と朝鮮の地図をあわせて，1402年に権近《けんきん》により作成されたとある。日本についての表現は，行基図を基礎に日本列島が南北に長く描かれ東西方向があやまっている。日本列島は中国の東南海上に位置し，南に延びるように描かれている。

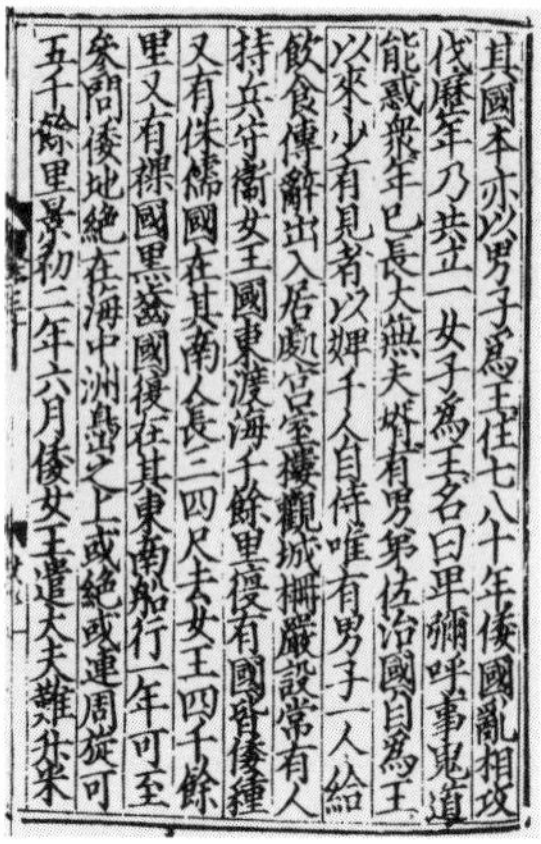

其國本亦以男子爲王住七八十年倭國亂相攻
伐歷年乃共立一女子爲王名曰卑彌呼事鬼道
能惑衆年已長大無夫婿有男弟佐治國自爲王
以來少有見者以婢千人自侍唯有男子一人給
飲食傳辭出入居處宮室樓觀城柵嚴設常有人
持兵守衛女王國東渡海千餘里復有國皆倭種
又有侏儒國在其南人長三四尺去女王四千餘
里又有裸國黒齒國復在其東南船行一年可至
參問倭地絶在海中洲島之上或絶或連周旋可
五千餘里景初二年六月倭女王遣大夫難升米

**宋版『三国志』魏書東夷伝**(部分)　南宋紹熙《しょうき》(慶元)刊本にすでに「倭人伝」の編目がある。

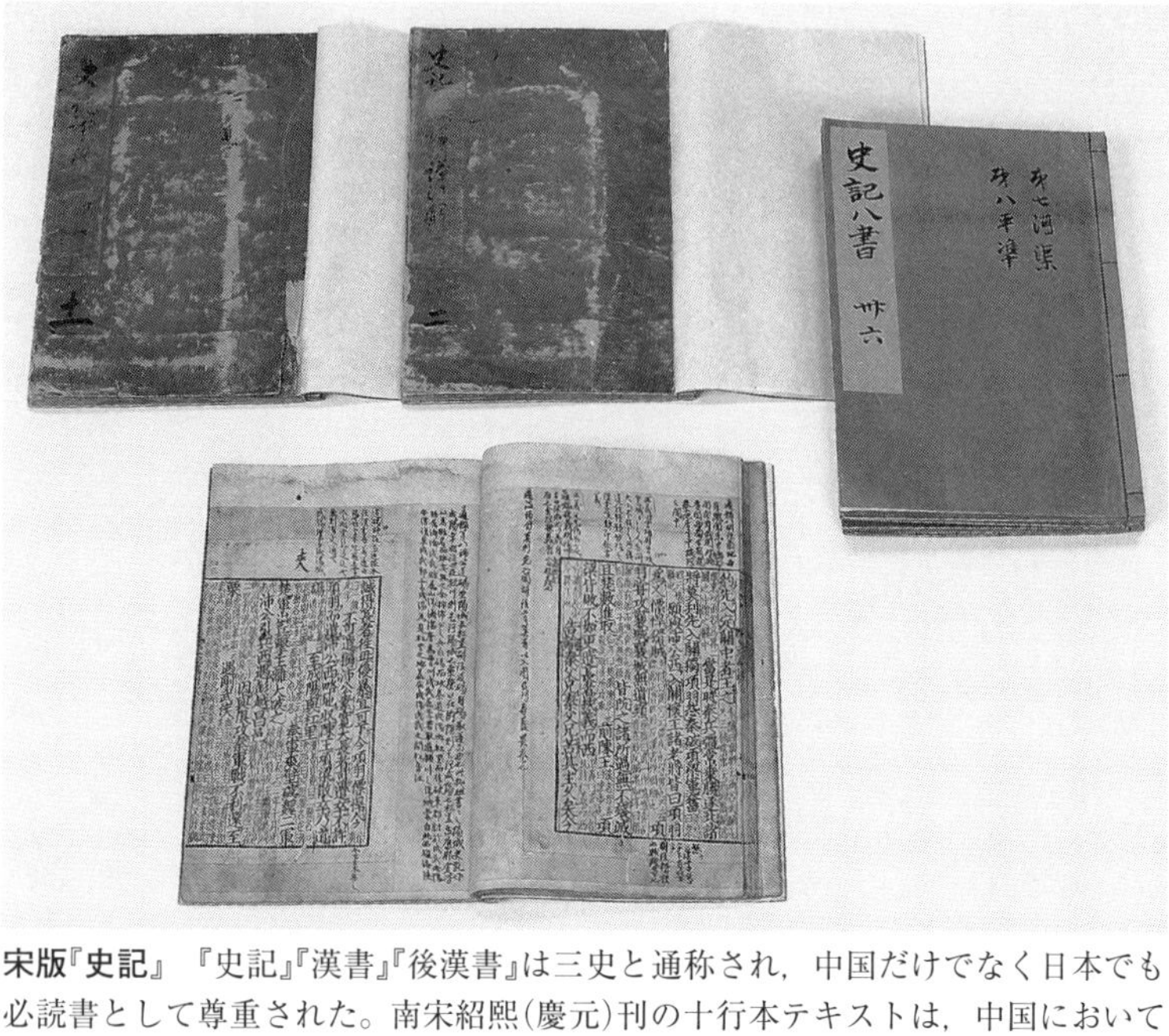


**宋版『史記』**　『史記』『漢書』『後漢書』は三史と通称され，中国だけでなく日本でも必読書として尊重された。南宋紹熙(慶元)刊の十行本テキストは，中国においては早くに散逸しており貴重である。

原本が同時代史として三世紀の時期にすでに成立しているという点はまず押さえておく必要がある。しかしながら、問題は現在用いている「倭人伝」のテキストが、かなり後世の宋《そう》代までしかそのルーツがさかのぼれない点である。現行の『三国志』のテキストは十二世紀以降のもので、すべて写本ではなく木版印刷の形で伝えられている。中国の王朝でいえば宋代、日本では鎌倉《かまくら》時代にはいる時期にようやく木版で現在に残るテキストが提供された。この間、唐代《とうだい》末期の混乱があり基本的な史料が多く散逸したため、宋代になってはじめて集成的な編纂がなされた。それ以前の伝来は、紙に墨で書写した写本という形で伝えられ、さらに以前には、木簡《もっかん》とか竹簡《ちくかん》▲と呼ばれるように木や竹に字を書き、韋《い》編《へん》▲で結んだ形態で伝来した。有名な秦《しん》の始皇帝《しこうてい》▲による焚書坑儒《ふんしょこうじゅ》▲という学問弾圧があるが、紙が発明される以前であり、巻物《まきもの》状になった竹簡などが焼かれたのである。古代中国の正史は、現在とは異なる媒体により書き継がれており、原『三国志』が三世紀に成立したとしても、現在のテキストと同じものであった保証はなにもない。伝来のあいだに、テキストの改変・削除など、多様な変化が当然想定される。

▼**木簡・竹簡**　紙の普及以前に書写の客体として用いられた木や竹でできた札《ふだ》(簡)。

▼**韋編**　綴じ紐のこと。読書熱心のたとえとして、綴じ紐が三度も切れるぐらい本を繰り返し読むという「韋編三絶」の熟語がある。

▼**始皇帝**　中国秦王朝の初代皇帝。生没前二五九〜二一〇年。在位前二四六〜二一〇年。戦国時代の七国を統一し、はじめて皇帝を称した。万里《ばんり》の長城《ちょうじょう》や兵馬俑《へいばよう》・阿房宮《あぼうきゅう》の造営は有名。

▼**焚書坑儒**　始皇帝による思想・言論統制。法家《ほうか》の丞相《じょうしょう》李斯《りし》の建議により前二一三年、農・医・薬・卜筮《ぼくぜい》以外の書を焼かせ、翌年には儒者《じゅしゃ》四万六四六〇余人を穴埋めにした。

宋版以来の現行の『三国志』テキストには「邪馬台国《やまたいこく》」ではなく「邪馬壹国」▲の表記がなされていることを重視する見解もある。しかしながら、『三国志』よりも史料としては後世において使用頻度が高かった三史（『史記《しき》』▲『漢書《かんじょ》』▲『後漢書』）の一つである『後漢書』には、「邪馬台国」の表記がなされ、『隋書《ずいしょ》』にも「其の地勢は東高くして西下り、邪馬堆に都す。即ち魏志の所謂《いわゆる》邪馬台なる者なり」とあることから、宋版▲以前に「台（臺）」から「壱（壹）」へある段階で誤刻されたことが想定される。

ちなみに、現在日本に宋版などの『三国志』が残っているのは、室町《むろまち》時代に禅《ぜん》宗《しゅう》の僧侶らが中国の正史を教養として学習したことによる。宋・明《みん》代には書道大家の書風をまねて、厳密な校訂を加えた印刷出版物がだされ、これらが日本に大量に輸出され、禅宗の僧侶らが行間や余白に注釈の書込みをしながら、勉強をした。そうした書込みが、すでに散逸した注釈を復元する、たいへん貴重な手掛りになっている。

▼**「邪馬壹国」問題**　邪馬台国を宋版『三国志』の原文に従って、邪馬壱国と解する説もあるが、原『三国志』を参照したと想定される『後漢書』以下の正史がいずれも「邪馬台国」表記であることから、字形の類似による単純な誤写と考えておく。台（壱）与の表記も同様であり、台与の可能性が高い。

▼**『史記』**　司馬遷《しばせん》により編纂された紀伝体の歴史書。二十四史の一つ。伝説上の黄帝《こうてい》から前漢《ぜんかん》の武《ぶ》帝《てい》までを叙述する。本紀一二巻・表《ひょう》一〇巻・書《しょ》八巻・世家《せいけ》三〇巻・列伝七〇巻の合計一三〇巻で構成される。「臥薪嘗胆」「四面楚歌」など本書を出典とする故事成語は多い。

▼**『漢書』**　班固《はんこ》らにより編纂された前漢時代を記した紀伝体の歴史書。本紀一二巻・列伝七〇巻・表八巻・志一〇巻の計一〇〇巻からなる。二十四史の一つ。倭についての記載が地理志《ちりし》にみえる。

## 内容の区分

約二〇〇〇字から構成される「倭人伝」の内容は、

(Ⅰ)倭の諸国と道程記載(「倭人は帯方《たいほう》の東南大海の中にあり……」)

(Ⅱ)地誌・政治体制についての記載(「男子は大小と無く、皆黥面《げいめん》・文身《ぶんしん》▲す……」)

(Ⅲ)外交記事(「景初《けいしょ》二年六月、倭の女王……」)

という大きくは三つの部分に分けることができる。

まず(Ⅰ)では帯方郡から邪馬台国にいたる方位と距離が記載され、国ごとの官名や戸数、概況が記載される。さらに、卑弥呼の支配下にあるその他の国名が列記され、卑弥呼と対立する南の狗奴《くな》国についても記載がある。この部分の解釈が一般に「邪馬台国論争」と呼ばれる位置論争の前提となる記述である。

(Ⅱ)では入墨(黥面・文身)から衣服・髪型・織物に始まり、不在の鳥獣・兵器・衣食・葬儀・航海の安全を守る持衰《じさい》・動植物・占い・飲食・寿命・婚姻・刑罰・身分秩序などの記載におよぶ。倭国が中国の南方海上に位置すると観念され、その風俗が現在の海南島や福建省と比較されているように南方的であることに注目すべきことは先述した。最後には、倭国の統治機構や東方海上の倭

**▼宋版**　中国宋代に刊行された木版書籍。校正が正しく、字体も美しく、刊刻技術も優秀なため後世において高く評価された。わが国へも商人や僧侶らにより多く将来した。

**▼黥面・文身**　顔にする入墨が黥面、身体にする入れ墨が文身。古代中国では刑罰の一種であったが、わが国では風俗として行われた。

**人面墨書―黥面**　入墨をした顔を描いた壺型の土器。愛知県亀塚《かめづか》遺跡出土。

地全体の地理にも言及している。
（Ⅲ）では二三八（景初二）年に始まり、二四〇（正始《せいし》元）年、二四三（同四）年、二四五（同六）年、二四七（同八）年にいたる約一〇年間におよぶ卑弥呼と魏との外交記載があり、その後の台与による朝貢までを記載する。

　全体の史料的価値は相対的に（Ⅲ）の外交記事の部分が高く、（Ⅰ）や（Ⅱ）の邪馬台国への方位・道程記載や風俗記載は、当時の中国王朝の偏見や「常識」に制約され、正確さは低いと考えられている。とりわけ、（Ⅱ）の後半に記載された侏儒《しゅじゅ》国・裸《ら》国・黒歯《こくし》国▲の三国についての東方倭地についての記載は古地理をまとめた『山《せん》海経《がいきょう》』▲などに依拠しており、信憑性が低い部分である。

　ちなみに九州説では、この直前に位置する「女王国の東、海を渡りて千余里、復た国有り、皆、倭種なり」とある記載を根拠に、女王国の東に「渡海」すると、また「倭種」がいる点は畿内《きない》（大和《やまと》）説では説明できないとするが、まさにこの部分は伝承的な侏儒国・裸国・黒歯国の記載につながる部分であり、必ずしも前半の倭の諸国についての道程記載とは同列に扱えず、史料としての信憑性に問題がある。関門《かんもん》海峡の通過を「渡海」と「水行」のどちらと解するかは微妙であり、

▼**侏儒国・裸国・黒歯国**　侏儒国は小人ばかりの国、裸国は衣服を着用しない裸の国、黒歯国は歯を黒くそめた習俗を有する国。いずれも地理書である『山海経』などの知見による伝承的な記載であり、史実性は乏しい。

▼**『山海経』**　戦国期から秦漢時代に、徐々に加筆成立した中国最古の地理書。山脈・河川、動植物や鉱物などの産物も記載されるが、空想的なものや伝説的な記載が多い。

▼**王沈『魏書』**　三国時代の魏について書かれた史書。四七巻。『三国志』の注には、しばしば本書が引用される。現存せず、烏丸伝・鮮卑伝・西戎伝などの逸文のみが残る。王沈は二六六（泰始二）年に没するので、それ以前の成立と推測される。

▼**魚豢『魏略』**　三国時代の魏について書かれた史書。魏の郎中《ろうちゅう》で、

厳密な区別とはなしがたい。畿内(大和)説ならば伊勢《いせ》湾や琵琶湖《びわこ》を想定することも可能である。

## 「倭人伝」の原史料

「倭人伝」の成立を考える場合、『三国志』の編者がなにをもとに「倭人伝」を記載したかということが議論されている。その候補とされるのが王沈《おうしん》の『魏書《ぎしょ》』▲と魚豢《ぎょかん》の『魏略《ぎりゃく》』▲である。成立年代では、『魏書』がやや先行し、『魏略』と『三国志』がほぼ同時代と考えられている。『魏書』の本文も『魏略』の本文も現在では残っておらず、他の書物に引用された逸文のみが残る。『魏書』の逸文には東夷伝に相当する引用がない。そこから『魏書』には東夷伝がなかったとする議論がなされてきた。『魏書』には東夷伝がないので『魏略』をもとに『三国志』を書いたとするのが、内藤湖南《ないとうこなん》▲・白鳥庫吉《しらとりくらきち》▲以来、現在までの通説的見解である。しかし、これはあくまでも消去法的な議論であり、『三国志』と『魏略』の親子関係を前提とするもので、必ずしも『魏略』の史料的性格が議論されていない。つまり、『魏略』と『三国志』の成立年代がきわめて微妙な時期に成立したとすれば、『三

陳寿とほぼ同時代の人であった魚豢の私撰。現存せず、『三国志』の注など多くの諸注に逸文が存在する。『三国志』の注には二七五(咸《かん》寧《ねい》元)年以降の記事は引用されないので、成立は太康年間(二八〇〜二八九)と推定されている。

▼**内藤湖南**　戦前を代表する東洋史学者。名は虎次郎《とらじろう》。生没一八六六〜一九三四年。京都帝国大学東洋史講座の教授。「シナ学」を創始し、後漢までを古代、隋・唐以前を中世、宋以後を近世とする唐宋変革論を提起した。邪馬台国論争では、白鳥庫吉の九州説に対して畿内説を主張した。

▼**白鳥庫吉**　戦前を代表する東洋史学者。生没一八六五〜一九四二年。東京帝国大学史学科教授。日本や朝鮮だけでなくアジア全域にわたる研究を展開し、東洋文庫の育成に尽力した。邪馬台国論争では、内藤湖南の畿内説に対して、九州説を主張した。

国志』の作者が『魏略』を参照できたかどうかという親子関係の議論はたいへん微妙である。さらに『魏略』と『三国志』の東夷伝各条の総序がほとんど同一であることを重視すれば、オリジナルな記載は『魏略』ではなく先行する史料に存した可能性が高い。『魏略』をもとに『三国志』が記述されたとしても、類書という性格を重視するならば、それよりさかのぼるものが必要となる。

ちなみに、裴松之《はいしょうし》が烏丸伝《うがんでん》の注として引用した『魏書』烏丸伝には、

烏丸は、東胡《とうこ》なり。漢の初め、匈奴《きょうど》の冒頓《ぼくとつ》、其の国を滅ぼす。余類、烏丸山を保ち、因《よ》りて以て号と為す。俗は騎射を善くし、水草に随って放牧し、居は常処無く、穹廬《きゅうろ》を以て宅と為し、皆、東に向う。

とあり、同じく裴松之が鮮卑伝《せんびでん》の注として引用した『魏書』鮮卑伝には、

鮮卑は、亦《また》東胡の余りなり。別れて鮮卑山を保ち、因りて号とせり。其の言語、習俗は、烏丸と同じ。其の地、東は遼水《りょうすい》に接し、西は西城《せいじょう》に当《む》かう。

とある。『後漢書』にも同様な文章が確認されるので、『魏書』には烏丸・鮮卑伝などの外国伝逸文が存したことは事実であり、必ずしも先行書としての可能性がないわけではない。『魏書』の逸文が東夷伝について残っていないのは、『三

国志』と共通する部分が多かったためであり、反対に烏丸・鮮卑伝に『魏書』の逸文が存するのは地理的記載が『三国志』には欠いていたからと考えられる。

## 邪馬台国論争

本書では、いわゆる邪馬台国論争に深入りすること自体が目的ではないが、近年の動向を概観するならば、畿内(大和)説が優勢であると考えられる。従来、邪馬台国論争の前提としては「倭人伝」が記す方位と距離に従うならば、はるか九州南方海上に邪馬台国を求めなければならず、距離と方位のいずれかを修正しなければ、日本列島内に比定することは不可能であった点が指摘できる。距離を信じて方位を疑えば畿内(大和)説、距離を疑い、方位を信用すれば九州説に有利とされてきた。

まず「倭人伝」自体の記載のうち、倭国の所在地について「その道里を計るに、まさに会稽・東冶の東に在るべし」と認識していることは確認しておきたい。さらに「参問するに、倭の地は海中洲島の上に絶在す。或いは絶え或いは連なり、周旋すること五千余里可りなり」とあるように、その地勢は基本的に朝鮮

**古代日本関係中国史書一覧**（『日本史史料１　古代』による）

| 書名 | 著・撰者 | 巻数 | 記載年代 | 成立 | 日本関連記事（　）は巻数 |
|---|---|---|---|---|---|
| 漢書 | 班固 | 100 | B.C.202 ～ A.D. 8 | 82年以前 | 倭人の記事（地理志28下） |
| 後漢書 | 范曄 | 120 | 25 ～ 220 | 445年以前 | 倭王の遣使（東夷伝・倭115） |
| 三国志 | 陳寿 | 65 | 220 ～ 280 | 297年以前 | 邪馬台国の記事（魏志東夷伝・倭人30） |
| 晋書 | 房玄齢 | 130 | 280 ～ 420 | 648年 | 倭人の記事（四夷伝・倭人97） |
| 宋書 | 沈約 | 100 | 420 ～ 479 | 488年以後 | 倭の五王の遣使・武の上表文（夷蛮伝・倭国97） |
| 南斉書 | 蕭子顕 | 59 | 479 ～ 502 | 537年以前 | 武の遣使（東南夷伝・倭国58） |
| 梁書 | 姚思廉 | 56 | 502 ～ 557 | 636年 | 倭の五王の記事（諸夷伝・倭54） |
| 隋書 | 魏徴ら | 85 | 581 ～ 618 | 636～656年 | 倭国の記事（東夷伝・倭国81） |
| 旧唐書 | 劉昫ら | 200 | 618 ～ 907 | 945年 | 倭国・日本の記事（東夷伝・倭国日本199下） |

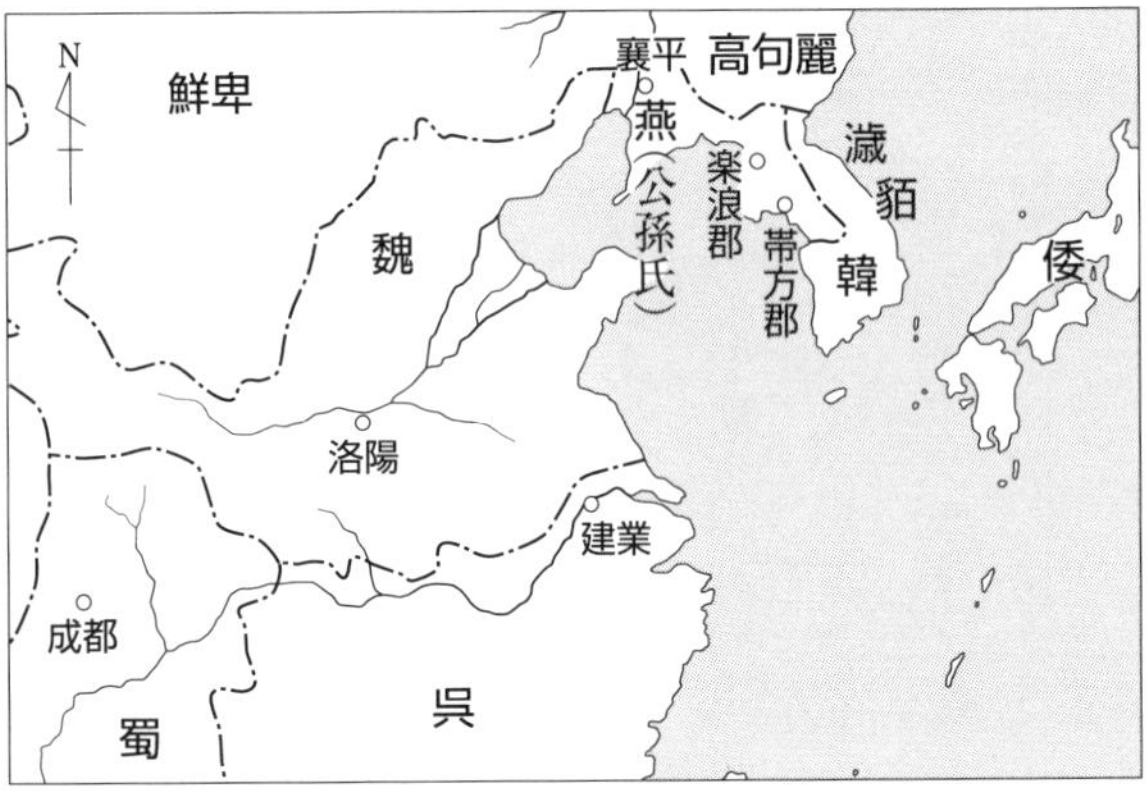


**三世紀の東アジア地図**（大阪府立弥生文化博物館編『卑弥呼誕生』による）

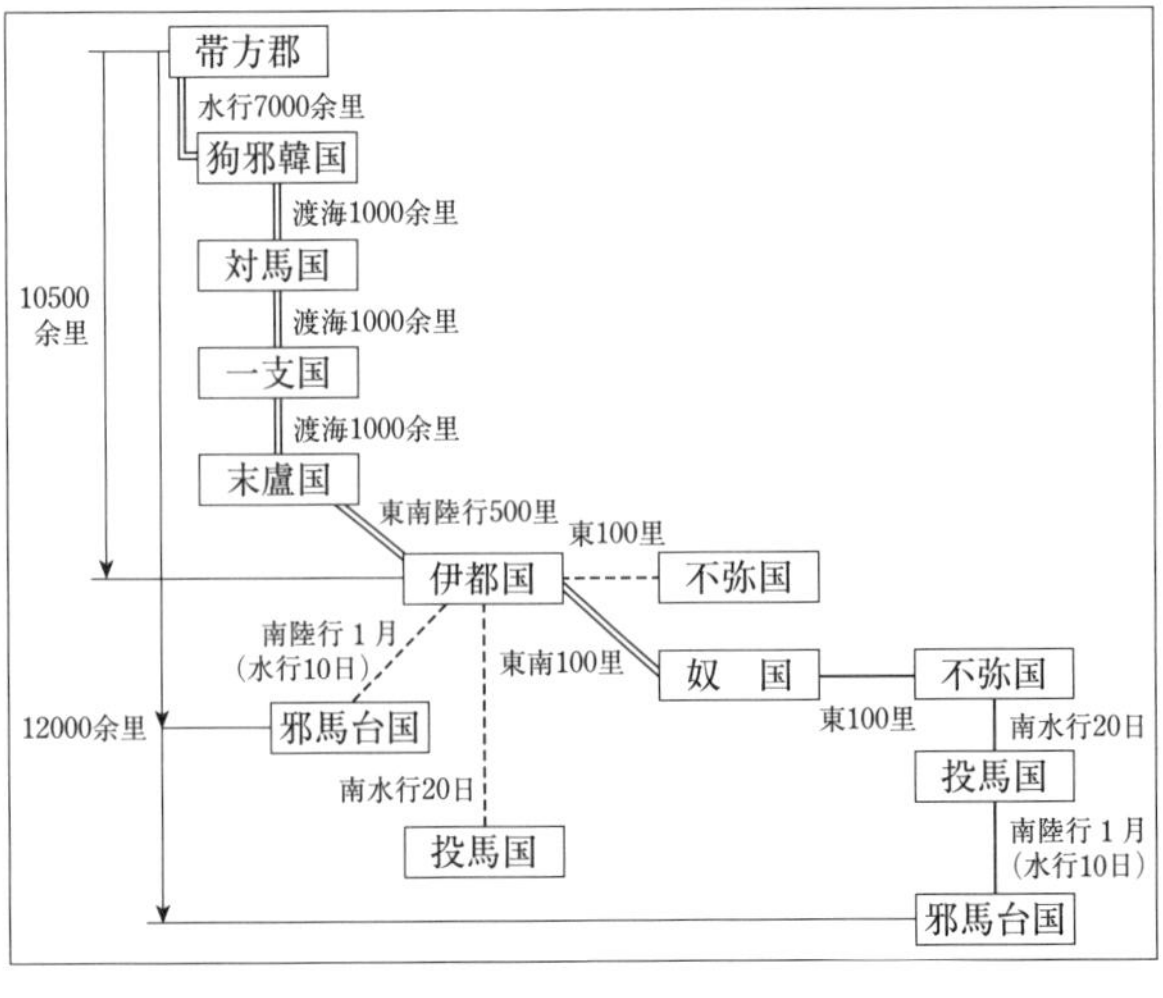


**邪馬台国への道程**（『日本史史料１　古代』による）

半島から南北に長く延びる群島との認識が存在した。倭国の位置についての現実とは異なるあやまった認識が、魏と対立した呉との関係において過大な評価をあたえる結果になったと考えられる。

ちなみに、一四〇二年に朝鮮で製作された現存最古の世界図「混一疆理歴代《こんいつきょうりれきだい》国都之図《こくとのず》」(龍谷《りゅうこく》大学図書館蔵。八ページ写真参照)における日本列島の位置は、中国の東南海上に描かれている。そこでは行基図《ぎょうきず》▲風の日本列島が九〇度南に傾いて描かれており、その認識は三世紀にさかのぼるとする見解がある。倭国が中国の東南海上に位置するとの認識が中世以降も残存したことは明らかである。ただし、原図たる行基図の方位が西を上に描かれていたため、あやまって西の九州を北にして描いた偶然性を強調する批判もある。少なくとも『隋書』の段階では「其の国境は、東西五か月の行、南北三か月の行にして、各々の海に至る」、「竹斯国《ちくし》より以東、皆倭に附庸たり」とあるように倭国が東西に長い列島であることを正しく認識するようになっていたことも確かであり、断定的なことはいえない。

距離については、九州説では榎一雄▲による伊都《いと》▲国以降に放射式の読み方を採

▼**行基図**　奈良時代の僧行基により作成されたと伝承される古式日本地図。平安京《へいあんきょう》を中心に諸国が団子《だんご》状に連なり、七道《しちどう》が放射状に描かれる。最古の行基図にも八二三(弘仁《こうにん》十四)年成立の加賀国《かがのくに》が描かれるので成立はそれ以降か。『正保《しょうほ》日本図』が刊行される近世まで基本的な日本図として利用された。

▼**榎一雄**　東洋史学者。東京大学東洋史学科教授。中央アジア史や東西交渉史を研究。白鳥庫吉の弟子。従来の連続的に里程を解釈する理解に対して、伊都国以降を「放射式」に解釈する九州説を主張。

▼**伊都国**　福岡県糸島《いとしま》半島に位置し、糸島市付近に比定される。戸数は一〇〇〇余戸にすぎないが、一大率がおかれ、帯方郡使《ぐんし》が常駐した。三雲南小路《みくもみなみこうじ》遺跡や井原鑓《いはらやり》溝《みぞ》遺跡は、伊都国の王墓とされる。

用して、さらに邪馬台国までの行程「水行十日、陸行一月」を二とおりの行程として理解することにより邪馬台国を九州内部にとどめようとする。しかし、こうした前提によれば、邪馬台国までの行程「水行十日、陸行一月」と投馬《とうま》国▲までの行程「水行二十日」を比較するならば、投馬国が邪馬台国よりも二倍の距離で南に位置することとなり、「女王国自《よ》り以北は、其の戸数・道里は略載す可《べ》きも、其の余の旁国は遠絶にして、得《よ》く詳《つまび》らかにす可からず」との記載に矛盾することとなる。つまり、投馬国には官名と戸数記載があり、女王国以北とするのが自然である。さらに、「水行十日」と「陸行一月」が同じ場所にいたる別ルートと解するには湾入が複雑な不自然な地形を想定しなければならない。伊都国以降の諸国を放射式に解読したとしても、「水行十日、陸行一月」を連続する記載とするならば、九州以外に求めなければならなくなるのではないか。少なくとも女王国以南の諸国については「遠絶」との標記があるように伊都国からは遠いとの感覚が使者たちには存在したのである。

　大勢として文献解釈からは方位・距離いずれにおいても邪馬台国を畿内と解しても大きな矛盾はなく、前方後円墳《ぜんぽうこうえんふん》の成立時期と分布（畿内中心に三世紀中葉

**▼投馬国**　「とうま」あるいは「つま」と読まれる。邪馬台国の七万余戸につぐ、五万余戸からなる大国だが、所在地については諸説があり定説はない。

**▼三角縁神獣鏡**　縁部の断面が三角形状に突起した大型の鏡。神《しん》仙《せん》や獣《けもの》の図像半肉《はんにく》彫りで表現する。同じ鋳型《いがた》から製作された同じ図像文様をもつ同笵鏡《どうはんきょう》が多い。魏の年号銘が存在することから中国製とする説と、中国では一面も出土しないことから国産とする説が対立する。

**▼吉野ヶ里遺跡**　佐賀県神埼《かんざき》市・吉野ヶ里町にまたがる日本最大級の弥生《やよい》時代環濠《かんごう》集落遺跡。国特別史跡で、国営吉野ヶ里歴史公園として管理。大型掘立柱《ほったてばしら》建物・物見櫓《ものみやぐら》や二重の環濠・木柵・土塁《どるい》・逆茂木《さかもぎ》などが、「倭人伝」の「宮殿《きゅうでん》」「楼観《ろうかん》」「城柵《じょうさく》」という記載と重なり注目された。

から)、三角縁神獣鏡《さんかくぶちしんじゅうきょう》▲の分布(畿内中心)、有力な集落遺跡の有無(有名な九州の吉野ケ里《よしのがり》遺跡▲は卑弥呼の時代には盛期をすぎるのに対して、畿内(大和)説では纏向《まきむく》遺跡▲などが候補とされる)など考古学的見解も考慮するならば、より有利であることは明らかであろう。

さらに、『三国志』以降の中国正史も、卑弥呼王権と「倭の五王《ごおう》」▲以降のヤマト王権を基本的に連続するものとして記述している点も傍証となる。すなわち、『梁書《りょうしょ》』倭伝は、「復《ま》た卑弥呼の宗女《そうじょ》台与を立て王と為す。其の後復た男王を立て、並びに中国の爵命を受く。晋安帝《しんあんてい》の時、倭王賛《さん》有り」と記して、台与と倭の五王を連続的に記す。また『隋書』倭国伝には「邪馬堆に都す。則ち魏志の所謂邪馬台なる者なり」として邪馬台国はヤマト王権がある大和に所在したとする。このように中国史書は邪馬台国が大和に所在したと解している。

▼**纏向遺跡**　奈良県三輪山《みわやま》北西麓に広がるＪＲ巻向《まきむく》駅を中心とした弥生時代末期から古墳時代前期にわたる遺跡。大規模な運河状の水路遺構や区画溝、箸墓《はしはか》古墳を含む纏向古墳群、東海系土器の割合の高さや韓式土器《かんしきどき》の存在などが注目されている。ただし、集落的な要素は乏しく、祭祀的な要素が強い。邪馬台国大和説の最有力候補地。

▼**倭の五王**　四一三年から五〇二年にかけて讃《さん》・珍《ちん》・済《せい》・興《こう》・武《ぶ》の五人の倭国王が中国南朝《なんちょう》に朝貢した記録が『宋書』などにみえる。武は『日本書紀《にほんしょき》』にみえる雄略《ゆうりゃく》天皇に比定される。

# ②—倭国と倭国王の成立

## 倭国王の成立

前章での検討により、以下では邪馬台国《やまたいこく》畿内《きない》(大和《やまと》)説を前提として叙述を進めたい。卑弥呼の王権を考える場合、重要なのは倭国《わこく》と倭国王の成立を歴史的に位置づけることである。とりわけ『三国志《さんごくし》』は「倭国伝」ではなく「倭人伝《わじんでん》」という項目が設定されているのはなぜかが問題となる。

現在用いられる「日本」▲の国号は、大宝律令《たいほうりつりょう》▲の施行、すなわち八世紀の初めに定まったとされる。それより以前は「倭国」という名前が対外的には用いられていた。そして君主号としては「倭王」とか「倭国王」という名称が中国の王朝から授与されていた。

二世紀末に「倭国乱」が卑弥呼の「共立《きょうりつ》」により収拾される以前の状況は、中国側の史料によっても、断片的にしか伝わらない。一世紀後半に成立した中国前《ぜん》漢《かん》の正史《せいし》である『漢書《かんじょ》』地理志《ちりし》には、「それ楽浪《らくろう》海中に倭人あり、分かれて百余国と為る、歳時を以《も》って来たりて献見《けんけん》すと云う」とあり、紀元前一世紀ごろの

**▼日本**　大宝律令の施行により国号は、従来の「倭」から「日本」へ変更され、七〇二(大宝二)年の粟《あわ》田真人《たのまひと》による遣唐使《けんとうし》により中国に承認された。ただし、天皇号の成立と同時期の飛鳥浄御原令《あすかきよみはらりょう》段階とする見解もある。

**▼大宝律令**　律六巻・令一一巻。令は七〇〇(文武《もんむ》四)年に完成し、七〇一(大宝元)年に施行、律は七〇一年に完成し、翌年施行された。これにより律令法が古代の基本法として完成した。現存しないが、養老《ようろう》律令とほぼ同文で、『令集解《りょうのしゅうげ》』の古記《こき》や『続日本紀《しょくにほんぎ》』などに逸文が残る。

倭人社会は、中国王朝から「国」と認識された一〇〇余の集落連合から構成され、そのなかには定期的に朝鮮半島の楽浪郡に朝貢《ちょうこう》していた国も存在したとある。この段階の「百余国」とは、おそらくは北部九州を中心とした地域であったと想像される。一世紀後半以前の小国分立段階から中国王朝とは朝貢関係を有していた。この段階には「倭人」という人種的表記のみが用いられ、「倭国」というまとまりや国々を束ねる「倭王」の存在はまだみられない。

一方、『後漢書《ごかんじょ》』は『三国志』よりものちの五世紀に成立し、多くの記述は『三国志』の要約的記述にすぎないが、『三国志』にはみえない独自の記述もある。すなわち、五七（建武中元《けんむちゅうげん》二）年のこととして「倭の奴国、貢《みつ》ぎを奉げて朝賀《ちょうが》す。使人は自ら大夫《たいふ》と称《い》う。倭国の極南界なり。光武《こうぶ》▲は賜うに印綬《いんじゅ》を以ってす」という記載がある。このうち大夫と極南界についての記載は、「倭人伝」にみえる「古《いにしえ》自《よ》り以来、其の使いの中国に詣るときは、皆、自ら大夫と称す」、「次に奴《な》▲国有り、此《こ》れ女王の境界の尽くる所なり。其の南には狗奴《くな》国有り」という文章を下敷きにしているが、五七年、奴国が後漢王朝に冊封《さくほう》され、印綬をあたえられたとある部分は『後漢書』のオリジナルの記載である。このときにあたえられ

▼**光武帝**　後漢王朝の初代皇帝劉秀《りゅうしゅう》。生没前六〜五七年。在位二五〜五七年。王莽《おうもう》の新《しん》を滅ぼし、漢王朝を再興する。郡の長官である太守《たいしゅ》を観察する刺史《しし》を設置。倭の奴国の使者に金印を授けている。

▼**奴国**　福岡市付近に比定される二万余戸からなる大国。奴国王が五七年に後漢に朝貢し、金印をあたえられたとある。

た印は一七八四(天明《てんめい》四)年に、福岡県志賀島《しかのしま》で発見された「漢の委《わ》(倭)の奴国王」と彫られた金印《きんいん》▲に比定されている(三七ページ写真参照)。奴国は、「倭人伝」によれば「二万余戸」という卓越した人口を有したとあり、のちに「儺県《なのあがた》」(『日本《にほん》書紀《しょき》』仲哀《ちゅうあい》八年正月己亥《きがい》条)や「那津《なつ》」(同宣化《せんか》元年五月辛丑《しんちゅう》条)とみえる地で、須玖《すぐ》岡本《おかもと》遺跡▲(福岡県春日《かすが》市岡本)を中心とした福岡平野一帯に比定される。首長墓《しゅちょうぼ》からは漢代の中国銅鏡《どうきょう》など卓越した副葬品《ふくそうひん》が出土し、奴国の王墓《おうぼ》に比定されている。また、周辺からは青銅器《せいどうき》・鉄器《てっき》・ガラス製品が生産された大規模な工房群が発見されている。金印の「漢倭奴国王」の称号などからすれば、当時の倭国が後漢王朝の支配秩序(天下)に包摂されていたことは明らかであるが、「倭の奴国」の称号からすれば、いまだ倭国全体を統率すべき王号とはなっていない点は重要である。ちなみに、『漢書』王莽《おうもう》▲伝《でん》には、五(元始《げんし》五)年のこととして「東夷《とうい》の王、大海を渡りて、国珍を奉ず」とある。不明確な記載だが、かりにこの大海を渡って珍宝をたてまつった「東夷王」が、絶域▲の倭国からの使者とすれば、すでに前漢末期から北部九州と中国との交渉を想定することができる。

　さらに『後漢書』倭伝には、安帝《あんてい》の一〇七(永初《えいしょ》元)年のこととして「倭国王の

**▼金印**　一七八四(天明四)年に福岡県の志賀島で出土。福岡藩の儒学者《じゅがくしゃ》亀井南冥《かめいなんめい》により『後漢書』の金印と同定される。「漢の委(倭)の奴国王」と訓じる。福岡藩主黒田《くろだ》家の旧蔵であったが、現在は福岡市博物館所蔵。国宝。

**▼須玖岡本遺跡**　福岡県春日市岡本付近に広がる弥生《やよい》時代遺跡。一八九九(明治三十二)年に巨石の下の甕棺《かめかん》の内外から中国前漢鏡《ぜんかんきょう》三十数面、銅剣《どうけん》、銅矛《どうほこ》やガラス勾《まが》玉《たま》・管玉《くだたま》などの副葬品が出土し、奴国の王墓と推定されている。近年では青銅器・鉄器・ガラス製品が生産された大規模な工房群も発見されている。国指定史跡。

**▼王莽**　中国新王朝の皇帝。生没前四五〜二三年。在位八〜二三年。周代の政治を理想としたが、短期で破綻した。

**▼絶域**　中国から遠く離れた地域で、定期的な朝貢を免除される。

▼**桓帝・霊帝**　桓帝は後漢の第十一代皇帝。生没一三二～一六七年。在位一四六～一六七年。霊帝は後漢の第十二代皇帝。生没一五六～一八九年。在位一六八～一八九年。「桓・霊の間」とは、二世紀後半に相当し、後漢末の混乱期を示す。

帥升《すいしょう》等、生口《せいこう》百六十人を献じ、願いて見《まみ》えんことを請う」とある。「倭人伝」には卑弥呼以前の倭国について「其の国、本亦《もとまた》男子を以って王と為す。住《とど》まること七、八十年、倭国乱れて、相攻伐すること年を歴《へ》たり」と記載する。「倭国乱」の年代について『後漢書』倭伝は「桓霊《かんれい》▲の間」（一四六～一八九年）、『梁書《りょうしょ》』倭伝は「漢霊帝の光和中《こうわちゅう》」（一七八～一八四年）としており、「倭国乱」をさかのぼること七、八十年前の男子を倭国王とした段階は、一〇七年の「倭国王帥升」による朝貢を起点としている。少なくとも中国側の意識として、「倭国」および「倭国王」成立の起点としてこの記事は位置づけられている。ここで倭国王が「帥升等」と複数形になっていることが注目され、帥升は単独で中国に朝貢したのではなく、形式的にせよ倭人社会を代表し、有力な国々を束ねる形で王として君臨していたと考えられる。

## 倭国の成立過程

このときに、献上された生口一六〇人という数は類似の史料と比較するならば、突出して多い。のちに卑弥呼が献上した生口は、男が四人、女が六人とある。また、台与が献上したのは、男女生口三〇人とあり、いずれも格段に少ない数である。この違いを重視するならば、倭国王が献上した一六〇人という数は、単独ではなく、「帥升等」という複数形の記載と、生口一六〇人の多さを関連させるならば、諸国の支配層からの持寄りによって、奴隷《どれい》を中国に献上したと考えられる。一国で供出できる数はそれほど多くないため、諸国の保有する生口を寄せ集めて献上したと推定される。この時期、戦利品としての戦争奴隷が生口発生の主因とするならば、大量の奴隷が献上される以前の時期は、諸国がたがいに相争う状況にあったと想定される。生口は、中国では戦争捕虜《ほりょ》に用いられ、諸国間の争いにより生まれた可能性は高い。一世紀代に瀬戸内海沿岸部に発生する高地性集落《こうちせいしゅうらく》▲は、後漢と結んだ北部九州を中心とする秩序形成と他地域との緊張関係に対応するとも考えられる。

それでは倭国王帥升が住む倭国の中心地はどこであろうか。すでに「倭人伝」の記載では奴国は王号を称しておらず、有力視されていない。王を称するのは卑弥呼以外には、狗奴国および伊都《いと》国のみである。▲それぞれ「東南に陸行すること五百里にして、伊都国に到る……世々王有り。皆、女王国に統属す」、

**▼高地性集落**　弥生時代中・後期、西日本を中心に分布する特殊な弥生集落。米の生産には適さない丘陵・山頂などに立地する。焼け土の存在から「のろし台」、あるいは戦乱時の逃込み場所など、軍事的性格の強い集落と想定されている。集落の分布状況からは、当該期の争乱状態を推測することができる。

**▼諸国の王号**　『後漢書』倭伝の「使駅の漢に通ずる者、三十許《ばかり》の国ありて、国ごとに皆王と称し、世世統を伝う」との記載を重視する見解もあるが、「倭人伝」を不正確に参照したことによると考えられる。

**▼三雲南小路遺跡**　現在の福岡県糸島市三雲の瑞梅寺《ずいばいじ》川と川原《かわら》川に挟まれた扇状地に位置する弥生遺跡。二つの甕棺から鏡五七面以上、ガラス璧八個、武器型青銅器などの豪華な副葬品が出土し、伊都国王の墓と考えられている。

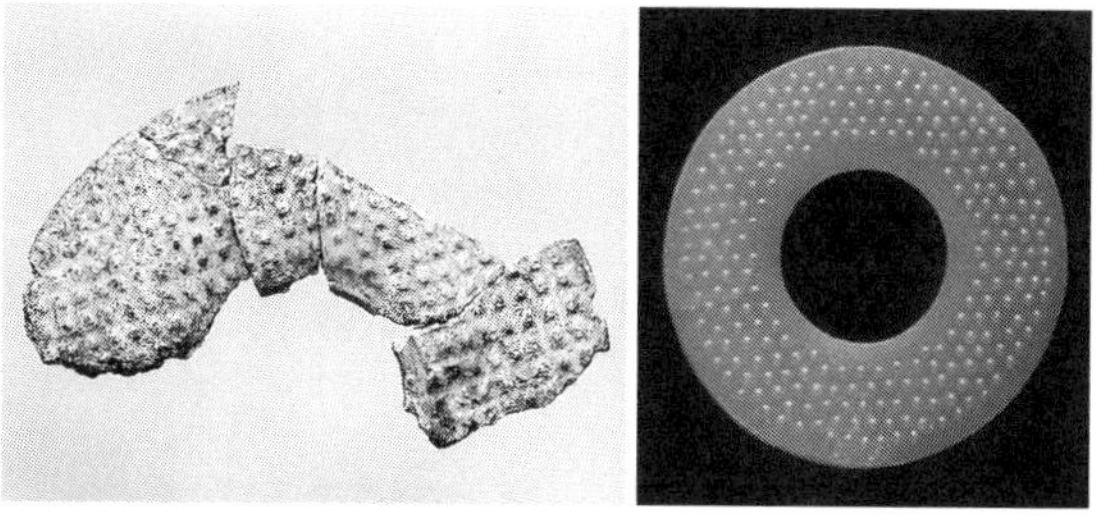

三雲南小路遺跡出土の璧（左）　ガラス製の璧は，漢の皇帝が伊都国王に下賜したとの想定もある。右は中国の完形品。

**▼楽浪・臨屯・真番・玄菟の四郡**　漢の武帝が前一〇八年に武力で衛《えい》氏《し》朝鮮を滅ぼして楽浪・臨屯・真番・玄菟の四郡を設置し、直接支配を行った。その後、平壌《へいじょう》に位置した楽浪郡だけが長く存続した。

「其の南には狗奴国有り。男子を王と為す」と記載されている。このうち、伊都国は奴国の西に隣接し、三雲《みくも》南《みなみ》小路《しょうじ》遺跡▲（福岡県糸島《いとしま》市）を中心とする糸島平野一帯に比定される。三雲南小路遺跡からは、須玖岡本遺跡とともに、漢鏡《かんきょう》・ガラス璧《へき》などの舶載文物が出土しており、奴国と伊都国は前漢末期以来中国との交渉をもっていたことが指摘できる。『漢書』地理志にみえる楽浪《らくろう》郡への倭人の接触は、前一〇八年に朝鮮半島に設置された楽浪・臨屯《りんとん》・真番《しんばん》・玄菟《げんと》の四郡▲が、前八二年に臨屯・真番二郡を廃止し、前七五年に玄菟郡を遼東《りょうとう》に移転したため、その領域の大部分が楽浪郡に併合されて以後のことと考えられ、やはり前漢末期の紀元前一世紀中ごろ以後の状況を記述している。こうした玄界灘《げんかいなだ》に面した先進地に位置すること、伊都国には代々王がおり、「倭人伝」によれば「郡使《ぐんし》の往来常に駐まる所なり」、「女王国より以北には、特に一大率《いちだいそつ》を置き、諸国を検察せしむ。諸国之を畏憚《いたん》す。常に伊都国に治す」という特殊な外交・交易上の重要な役割をあたえられていたこと、などからすれば卑弥呼以前の「其の国、本亦男子を以って王と為す」とされた男王は伊都国王であり、安帝の一〇七（永初元）年に後漢へ朝貢した「倭国王の帥升」を示すと考えられる。

すなわち、五七(建武中元二)年に倭の奴国が後漢王朝に冊封され、印綬をあたえられて以後、倭国王帥升らによる朝貢までの約半世紀のあいだに、西日本を中心とする「倭国」の秩序が形成され、奴国から伊都国への政権移動があったと考えられ、帥升はすでに奴国王ではなく伊都国王であった可能性が指摘できる。

二世紀初めになると「倭国王」は奴隷を中国に献上しており、王と生口という身分的な差異が当時すでに存在したことがうかがわれる。当時の倭国王には奴国のような固有国名がみえないが、「帥升等」と代表が複数で記されていること、献上された生口数が多いこと、などからすれば、必ずしも強固な連合体とはいえず、「倭国王」として漢王朝から認定された帥升を名目的な代表とする複数の首長が朝貢したと推定される。当時、大量の生口が国相互の戦闘により発生したとすれば、倭国としての連合体が形成された要因として継続的な戦闘を回避する目的があったと考えられる。

おそらく二世紀初めまでに北部九州において奴国から伊都国への主導権の移動がまずあり、さらに二世紀後半には「倭国乱」と呼ばれる騒乱により、伊都国

▼**封建制**　周王は一族・功臣に領地をあたえて世襲の諸侯とし、貢納と軍事の義務をおわせた。君臣関係は個人の契約ではなく血縁を中心とする氏族的《しぞくてき》関係。

から邪馬台国への主導権の移動があったと想定される。

## 中国の国内支配方式

倭国王を考える場合、「国」の内実が問題となる。その場合には、中国国内の支配制度の変遷を視野にいれる必要がある。中国の王朝は、殷《いん》・周《しゅう》・秦《しん》・前漢・後漢と続いて、三国時代となる。周は「封建《ほうけん》制▲」という制度を採用した。諸侯《しょこう》を全国に配置してそれぞれに土地と人民の支配をまかせた。それに対して秦は、「郡県《ぐんけん》制▲」と呼ばれる皇帝が全国を直轄地として支配する中間に諸侯の存在を一切認めない統治制度を採用した。周の「封建制」は諸侯が独立性を強めたため崩壊し、秦の「郡県制」は、皇帝の権力があまりにも強いために逆に反発を招いて失敗した。そのため、前漢の高祖《こうそ》劉邦《りゅうほう》▲は、秦の郡県制度（皇帝直轄地）と周の封建制度（諸侯による統治）という両者の長所を取り入れた「郡国《ぐんこく》制▲」を採用した。皇帝の直轄地として、郡県をおき、一方で国という諸侯を封建する地域を残した。直轄地と諸侯に配る土地を並置したのである（ただし、前一五四年には呉《ご》国王ら諸侯の反乱である呉楚七国《ごそしちこく》の乱《らん》▲が鎮圧されたのを契機に王国領は削減され、

**▼郡県制**　全国を三六郡（のちには四八郡）に分け、郡のもとに県をおき、皇帝が任命した官僚を派遣し、中央集権的支配を実現した。

**▼劉邦**　秦を滅亡させ、前漢の初代皇帝となる。生没前二五六～前一九五年。在位前二〇二～前一九五年。項羽《こうう》との対決は有名。『史記《しき》』と『漢書《かんじょ》』に記載がある。

**▼郡国制**　郡県制と封建制を併用する制度。景帝《けいてい》による呉楚七国の乱平定により、実質的には郡県制へ移行する。

**▼呉楚七国の乱**　中国前漢の前一五四年に呉王ら七国の諸侯王が起こした反乱。諸侯王の独立的な権力を押さえ込むため、領土削減の命令がくだされたことを契機とする。以後は郡国制も郡県制に等しくなっていく。

郡の統治下に組み込まれ実質的には郡県制となった)。

この前漢における郡国制度が、中国皇帝と周辺諸民族とを結合させる論理、すなわち当時の外交関係を規定する方式となる。秦の段階には全土が皇帝の直轄地であるため、周辺諸国の諸侯を位置づける方式がなかった。皇帝が周囲の諸国を攻め滅ぼさないかぎりは、そこが支配地になりえない構造であった。秦の段階では卑弥呼のような独立的な王の存在は認められなかった。ところが、漢代以降になると、国内の諸侯に準じて、周辺諸国の首長を国王として認めるという体制をとったので、外国に対しても、国や王の存在を認めることができるようになった。周辺異民族国家の王が漢の皇帝と君臣《くんしん》関係を結び、その外臣に位置づけられたのである。国内の「国」を擬制する形で蛮夷の国に対しても国王を認める方式が採用されるようになった。前漢の武帝のときに、中国の領土は東西南北に広がり郡県化され、周辺諸国を外藩として位置づけていったのである。このように、東夷における直轄的な植民地《しょくみんち》たる楽浪郡と、皇帝と君臣関係をもちつつも自国の支配権を認められた倭国という体制は前漢以降に成立した。

## 「国」の用例

　こうした中国の地方支配制度の変遷を視野にいれるならば、「倭人伝」にみえる国という用語も、前漢段階の国県制度が反映している。「倭人伝」本文には、約二〇〇〇字の文字がある。そのうち、国という用字は六五回ほど使われているが、その内訳は「百余国」とか「三十国」など単に国の数を示したもの、「邪馬台国」「狗奴国」「中国」「韓国《かんこく》」▲などの明瞭な固有名詞、これらを除くならば一般的な用法は二二回ほどである。問題となるのは、国の表示レベルが多様なことである。上位の用例は、「国家」に代表されるような用例で、魏の王朝そのものをさす。次は「倭国」「国有」「国大人《たいじん》」という表現で、倭人が住んでいる諸国全体をさすような用例、あるいはやや狭く使訳が通じる三〇カ国をさす場合である。さらに「女王国」という用例は後述するように「邪馬台国」そのものを示している。

　このように、全世界を示す国家という用法から、「女王国」「伊都国」など固有名詞的な国名まで、さまざまな国の用例が「倭人伝」にはある。「倭人伝」では、倭国の範囲を倭人全体の居住地を示す語ではなくて、より限定された範囲に倭国の用語を使っている。まさに「倭人伝」であって、「倭国伝」ではない（すでに

▼**韓国**　帯方郡の南に位置する馬韓《ばかん》・弁韓《べんかん》・辰韓《しんかん》の三韓の諸国。

南宋紹熙《しょうき》年間〈一一九〇〜九四〉に刊行された『三国志』には「倭人伝」という編目記載がある)。中国側が認識している倭国は、倭人が住んでいるまとまりのうち、限定された領域が倭国であると位置づけている。狗奴国や東方の倭種など卑弥呼がいまだに統治しえない領域があることを前提に、倭国の称を用いていると考えられる。倭人あるいは倭種の居住地が、「倭人伝」の叙述の対象だが、そのなかのより限定された範囲が倭国とされている。ただし、理念的には倭国が倭人とか倭種全体を支配すべきであるという前提はあるが、実際は異なっていた。そういう落差が「倭人伝」の記載には存在する。

こうした落差が明瞭なのは、卑弥呼が魏から親魏倭王《しんぎわおう》として金印紫綬《しじゅ》などを授与された記述のあとに「汝それ種人《しゅじん》を綏撫《すいぶ》」とある部分である。この場合の種人は倭人とか倭種を意味する言葉で、卑弥呼と同じ自国人を撫で慈しみなさいと命じている。倭国王に任命したので、倭人倭種が居住する領域全体に勢力を伸ばし、倭人全体を統一しなさい、という意味合いをこめて用いられたと考えられる。すなわち、倭国と倭種・倭人との領域的なズレが存在したことが確認される。

## 「東夷伝」の王号

魏王朝は『三国志』では後漢王朝の正統性を継承する王朝と位置づけられている。そのことと関連させるならば、卑弥呼が魏からあたえられた「倭王」の称号は、後漢王朝（あるいは公孫氏《こうそんし》）により、すでに倭国王として卑弥呼を認知しており、魏がそれを追認した可能性がある。ただし「共立」という表現からは、後漢王朝以来の正統な「倭王」の継承者とは必ずしも位置づけられていない。倭国の内外には倭王以外に二つの王統が存在し、倭国の内部に伊都国王が、外側には狗奴国王がいた。「倭人伝」のなかで王を称する部分をみると、伊都国には「世々王ありて、皆女王国に統属す」とある。倭国には倭王が一人いるという単純な形ではなく、三〇カ国のなかにも伊都国王がいるという関係が確認できる。伊都国には代々王がいて、倭王と伊都国王は上下関係にあったことになる。さらに「その南、狗奴国有り、男子を王と為す。女王に属さず」とある。狗奴国は男性が王で、長官は狗古智卑狗《くこちひこ》▲と呼ばれ、女王の支配は受けていないとする。倭国の内外には倭王以外に二つの王統が存在し、伊都国王が倭国の内部、外側には狗奴国王がいたのである。これは「倭人伝」が「倭国伝」と表記されないこと

▼**狗古智卑狗**　「倭人伝」にみえる狗奴国の官名。熊本県菊池《きくち》市との関係が指摘されている。

▼**夫余**　前二三八〜四九四年にかけて中国満州《まんしゅう》地域に存在した国家。鮮卑《せんぴ》とも種族的に近く、前漢の玄菟郡に所属し、のちには遼東半島の公孫氏の配下となった。百済《くだら》王家も扶余系であったとの建国伝承がある。

▼**濊**　朝鮮の東海岸に位置し、南は辰韓、北は高句麗・沃沮《よくそ》に接する。戸数は二万戸。高句麗に臣《しん》属《ぞく》したが、二四五（正始《せいし》六）年に楽浪太守と帯方太守が服属させ、二四七（同八）年には魏王朝に朝貢した。

▼**高句麗**　紀元前三七ごろ〜六六八年。満州南部から朝鮮半島北半を占める扶余系民族による国家。隋《ずい》や唐による遠征をたびたび撃退するが、唐と新羅《しらぎ》の連合軍により滅亡する。高句麗には「涓奴《けんど》部・絶奴《ぜつど》部・順奴《じゅんど》部・灌奴《かんど》部・桂婁《けいろう》部」の五部があり、本は涓奴部が王をだしたが、桂婁部がとってかわった。

も関係する。建て前からすれば、倭国の王が倭人すべてを支配し、それ以外に王は存在しないのが原則である。倭王たる卑弥呼がすべての倭人・倭種全体を掌握していない現実を「倭人伝」という表記が端的にあらわしている。ここに倭国形成過程における特殊な歴史的背景が指摘できる。

「倭人伝」以外の東夷伝には王の用語はどのように使われているだろうか。「夫余《ふよ》▲伝《でん》」では王がいたが、勝手に名乗っていたわけではなくて、濊《わい》▲王《おう》の印があたえられたともある。あるいは「夫余の王は、自ら亡人を謂《しょう》す」つまり中国からの亡命人出身とあり、玄菟郡と呼ばれる中国の植民地との密接な関係において君王が認められていた。王はこの場合、中国との密接な関係、印綬をあたえるとか、玄菟郡に隷属するという関係において王号が認められている。

「高句《こうく》麗《り》▲伝《でん》」では涓奴《けんど》部など五つの部があり、本《ほん》涓奴部が王となったが、勢いが衰えたので、他の部がこれにとってかわったとある。本涓奴部は本国主とあり、現国王とは区別された書き方になっている。また、「高句麗王、使いを遣わして朝貢し、初めて見えて王と称す」ともあり、中国に朝貢することと、王を称するということが関連している。古くは王であっても力が衰えると王と称しないとあり、伊都国王や狗奴国王を考えるときに参考になる。

「濊伝」では朝鮮のある種族が僭号《せんごう》して王を称すること、つまり中国が許可せずに勝手に王を名乗るという記載がある。「闕《けつ》に詣りて朝貢すと。詔《みことのり》して、さらに不耐濊王を拝す」ともあり、ここでも中国への朝貢と王号との関係がみられる。

「韓伝《かんでん》」では「僭号して王を称する」、「自ら韓王を号す」という用例がある。中国が正式に認めない王号については、僭号や自称《じしょう》という但書きが付される。倭国の場合も、伊都国王や狗奴国王がみずから称したのであれば、その旨の注記があると考えられる。逆にいえば、伊都国王も、狗奴国王も中国からある時期正式に認められた可能性が考えられる。

「韓伝」には、諸韓国の臣智《しんち》と呼ばれる人に、邑君《ゆうくん》の称号や印綬をあたえたとあり、諸韓国のなかでは一二国が辰王《しんおう》▲に属し、残りの一二国が王を称した。さらに、辰王は「自立」して王を称することができないともある。これは卑弥呼が「共立」されたことと関係し、中国の後ろ盾がないと、王にはなれなかったと理解される。

▼**辰王**　韓伝によれば、昔の辰国である辰韓一二カ国は馬韓の辰王(月支《げっし》国王)に従属していると伝える。

以上の検討によれば、東夷伝にでてくる朝鮮半島の国々は、中国の立場からすれば、正式な王号《おうごう》は中国王朝からの承認が必要であったことが確認される。そのため、王号のいわれについては細かい表記がなされ、王号に対して丁寧な記述がなされている。倭国の王号も慎重に考える必要がある。

『魏志』東夷伝には王号の使用について、中国王朝への朝貢・承認を前提として「僭号称王」(「濊伝」「韓伝」)、「本国主」(「高句麗伝」)、「自号韓王」(「韓伝」)などの細かい区別を前提とするならば、卑弥呼の倭王号については、共立時からの称号と解すれば公孫氏を介した承認が想定できる。

伊都国や狗奴国の王号も、他の東夷伝と同様に単なる自称や僭称《せんしょう》でないとすれば、魏への朝貢以前に、単独で、あるいは共同で中国に使者を送り、一定の地位を承認されていたことが背景になければ、王という表記は中国側からは承認されないこととなる。とりわけ狗奴国王については、「倭人伝」に「其の南には狗奴国有り。男子を王と為す。其の官には狗古智卑狗有り、女王に属せず」、「倭の女王卑弥呼、狗奴国の男王卑弥弓呼《ひみここ》と素《もと》より和せず」とあることからすれば、卑弥呼即位以来の対立関係と考えられ、すでに後漢末期に王号をあたえられていたことも想定される。すなわち、倭国内部の諸王たちは、それぞれが歴史的に中国王朝(あるいは公孫氏)と関係をもった時期があったと考えられる。

これらの事実によれば、倭国内部における政治的統一には中国王朝の支持が必要であったこと、しかし外交の窓口は時期により変化し、必ずしも一元化されておらず、倭人内部の統一も不完全であったことが確認される。

# ③―卑弥呼と公孫氏・魏王朝

## 卑弥呼と公孫氏

「倭人伝《わじんでん》」によれば、二世紀後半の「倭国乱」を終息させたのは、邪馬台国《やまたいこく》出身の卑弥呼であった。

倭国《わこく》乱れて、相攻伐すること年を歴《へ》たり。乃《すなわ》ち共に一女子を立てて王と為す。名づけて卑弥呼と曰《い》う。（「倭人伝」）

先述したように二世紀初めまでに北部九州において奴《な》国から伊都《いと》国への主導権の移動がまずあり、さらに二世紀後半には「倭国乱」と呼ばれる騒乱により、伊都国から邪馬台国への主導権の移動があったと想定される。倭国は、それまで長期の争乱状態にあったが、卑弥呼を倭国の女王として「共立《きょうりつ》」することによって、「平和」がもたらされたとある。その時期は「倭国乱」についての『後漢書《ごかんじょ》』に「桓霊《かんれい》の間」（一四六〜一八九年）、『梁書《りょうしょ》』に「漢霊帝の光和中《こうわちゅう》」（一七八〜一八四年）という記載を尊重するならば、二世紀後半と想定され、有名な景初《けいしょ》二（二三八）年と記された魏《ぎ》王朝への遣使《けんし》まで半世紀ほどの時間差が存在する。この間にお

**「中平」年鉄刀**（東大寺山古墳出土）　中平は後漢年号で，184～189年のあいだで，「倭国乱」の年代とされる光和年中の直後に相当する。

**金印**　大きさは漢代の方一寸に相当する。

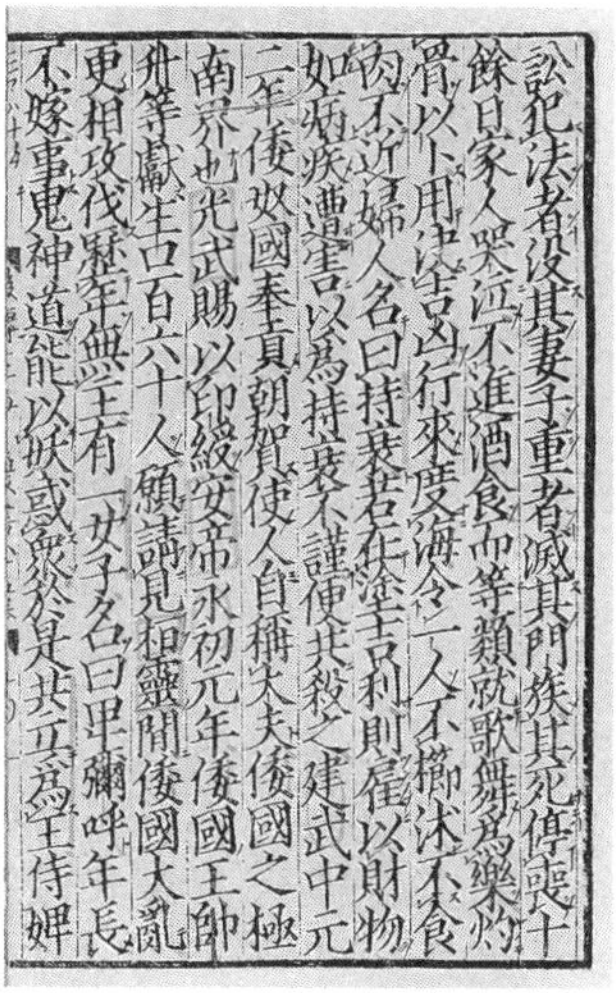

訟犯法者沒其妻子重者滅其門族其死停喪十
餘日家人哭泣不進酒食而等類就歌舞爲樂灼
骨以卜用決吉凶行來度海令一人不櫛沐不食
肉不近婦人名曰持衰若在塗吉利則雇以財物
如病疾遭害以爲持衰不謹便共殺之建武中元
二年倭奴國奉貢朝賀使人自稱大夫倭國之極
南界也光武賜以印綬安帝永初元年倭國王帥
升等獻生口百六十人願請見桓靈閒倭國大亂
更相攻伐歷年無主有一女子名曰卑彌呼年長
不嫁事鬼神道能以妖惑衆於是共立爲王侍婢

**『後漢書』東夷列伝**（部分）　建武中元二（五七）年と永《えい》初《しょ》元（一〇七）年の朝貢記事が『後漢書』オリジナルの記載で、卑弥呼と邪馬台国についての記載は先行した『三国志』の記事を踏襲している。

ける女王卑弥呼との重要な交渉相手として近年注目されているのは当時、遼東《りょうとう》半島を支配していた公孫氏《こうそんし》である。

この卑弥呼と公孫氏の交渉を裏づける根拠とされるのは、第一に「韓伝《かんでん》」にみえる後漢献帝《けんてい》の建安《けんあん》年間（一九六〜二二〇）に公孫康《こう》は、楽浪《らくろう》郡の屯有《とんゆう》県▲より南の荒地を派兵により平定、旧楽浪郡民を奪還し、帯方《たいほう》郡をおいたとある記載である。

桓・霊の末、韓・濊《わい》、彊盛《きょうせい》にして、郡県《ぐんけん》制する能わず、民多く韓国《かんこく》に流入す。帝建安中、公孫康、屯有県以南の荒地を分かちて帯方郡と為し、公孫模《も》・張敞《ちょうへい》等を遣わして遺民《いみん》を収集せしめ、兵を興して韓・濊を伐《う》つ。旧民稍《やや》出ず。是《こ》の後《のち》倭・韓は遂に帯方に属す。（「韓伝」）

後漢の桓帝・霊帝の末期になると、韓や濊が強くなり、楽浪郡やその配下の諸県を統括することができなくなった。その後、建安年間になると、公孫康は楽浪郡の屯有県以南の荒地を分割して帯方郡を設置した。さらに公孫模・張敞らを派遣して、漢民族の遺民を集め、軍隊を組織し、韓と濊を征討した。これ以後、倭と韓も帯方郡に所属するようになったとある。帯方郡設置の正確な時期

**▼屯有県**　現在の黄海北道《こうかいほくどう》《ファンヘブクド》黄州《こうしゅう》付近か。

は不明だが、

　度《ど》死して、子の康位を嗣ぐ。永寧郷侯《えいねいごうこう》を以《もっ》て、弟の恭《きょう》を封ず。是歳は建安九年なり。（「公孫度伝」）

とあるによれば、少なくとも父の公孫度が没して、子の康が位を相続した二〇四（建安九）年以降と考えられる。注目されるのは楽浪郡の南部を分割して設置された帯方郡に韓とともに「倭」も所属したことが記載されている点である。「倭・韓は遂に帯方に属す」という記載の解釈については、楽浪郡から帯方郡への単なる所属替えの記載と解して、後漢王朝への卑弥呼からの使者は連続していたとするか、あるいは卑弥呼による公孫氏へのはじめての遣使とするか、基本的に二つの理解が可能である。

すでに倭国の中国交渉の窓口であった楽浪郡は、

　順・桓の間、復《ま》た遼東を犯し、新安《しんあん》・居郷《きょごう》を寇し、又西安平《せいあんぺい》を攻め、同上に于《お》いて帯方の令《れい》を殺し、楽浪太守《たいしゅ》の妻子を略得す。（「高句麗伝《こうくりでん》」）

とあるようにすでに二世紀末には高句麗の侵入などもあり衰退していた。中国本土も一八四（中平《ちゅうへい》元）年の黄巾《こうきん》の乱《らん》▲以来、後漢滅亡まで混乱が続くので、中平

▼**黄巾の乱**　後漢末期に一八四（中平元）年に太平道《たいへいどう》の教祖張角《ちょうかく》が起こした農民反乱。名称は目印として黄色い頭巾をまいたことによる。後漢滅亡の原因となる。

年間(一八四〜一八九)に卑弥呼の使者が後漢王朝へ直接朝貢《ちょうこう》することは容易でなかったことが想定される。

一方、公孫氏については「公孫淵《えん》伝」に、

　始め、度、中平六年を以って、遼東に拠し、淵に至る三世、凡そ五十年にして滅ぶ。

とあるように、卑弥呼の治世とほぼ並行する時代、遼東半島を拠点に、遼東太守▲に任命された一八九(中平六)年から滅亡する二三八年にいたるまで約五〇年間にわたり、公孫度・康・淵の三代が勢力を維持していた。

通説ではこうした支配は単なる地方独立政権として位置づけられているが、

　公孫淵の父祖三世、遼東に有り。天子は其を絶域となし、海外の事を委《ゆだ》ぬ。遂に東夷隔断し、諸夏に通ずるを得ず。(「東夷伝序《とういでんじょ》」)

とあるように、後漢の皇帝は遼東地域を「絶域」と位置づけ、公孫氏に「海外の事」を委任したため、東夷は後漢王朝に朝貢できなかったことが記載されている。公孫氏による遼東半島周辺の東夷諸国の支配は、恣意的なものではなく漢王朝から委任された権限を行使していたことになる。これによれば、倭国《わこく》の卑

▼**遼東太守**　遼東地域をおさめる郡の長官。

弥呼が漢王朝の代理人としての公孫氏に朝貢することも、後漢王朝が公的に容認していたと解釈される。いずれにしても二世紀末以降、遼東半島を支配した公孫氏の存在を度外視しては、卑弥呼の外交交渉は成立しなかったことが確認される。

以上の理由により中国正史《せいし》に記載は欠いているが、魏への朝貢以前に、卑弥呼と公孫氏は楽浪郡（のちには帯方郡）を介して二世紀末の「共立」直後から交渉していた可能性は高いと考える。

これを裏づける史料とされるのが奈良県天理《てんり》市の東大寺山《とうだいじやま》古墳▲出土の鉄刀銘である。四世紀後半の築造と推定されるこの古墳からは、「中平」という後漢年号を金象嵌《きんぞうがん》した鉄剣が出土している（三七ページ写真参照）。

中平□年、五月丙午、造作文刀、百練清釖、上応星宿、下辟不祥（「□年」「釖」「下辟不祥」の部分は推定）

中平年号は、「倭国乱」があったとされる中国の桓帝と霊帝のあいだ（一四六～一八九）の年号で、「光和中」（一七八～一八四）の直後の年号である。「倭国乱」が終息した直後の中平年間につくられた鉄剣が、中国皇帝あるいは遼東半島を支配

▼**東大寺山古墳**　奈良県天理市に所在する古墳時代前期の全長一四〇メートルの前方後円墳。四世紀後半の築造と推定され、「中平」紀年銘を含む鉄刀や鉄剣が多数副葬されていた。

していた公孫氏から、倭国へもたらされたことになる。「共立」されたばかりの卑弥呼に、後漢から直接あたえられたと考えるか、または当時遼東半島を支配していた公孫氏をいったん経由してもたらされたと考えるかは、時期的に微妙である。一八九年に遼東太守に任命された公孫度が後漢王朝から授与されたものので、彼が自立して以降に卑弥呼に下賜されたとの推測も可能である。おそらくは「共立」されたばかりの卑弥呼が公孫氏に朝貢して、その地位を承認する意味で鉄刀があたえられたと考えられる。

ちなみに、漢式鏡《かんしききょう》の倭国への流入量は「倭国乱」の時期に一時的には減少するが(第六期)、帯方郡の成立以後は畿内《きない》の画文帯神獣鏡《がもんたいしんじゅうきょう》▲を中心にふたたび増加する傾向を示す(第七期)という指摘も、公孫氏との交渉を裏づける。

通説では、二三九(景初三)年のまちがいとされる魏と卑弥呼とのはじめての交渉は、公孫氏滅亡直後であることから、そのタイムリーな遣使が外交における開明性として評価されてきた傾向がある。しかしながら、むしろそれ以前におけるこうした公孫氏との交渉を前提に考えるならば、卑弥呼にとっては公孫氏にかわるあらたな後ろ盾を早急に必要としたという国内的な要請によるもの

▼**画文帯神獣鏡**　中国でつくられた平縁《ひらぶち》をもつ神獣鏡のうち、鳥や神仙《しんせん》の群像をあしらった画文帯をつけたものをいう。

と位置づけることができる。卑弥呼の「共立」により保たれた「平和」は、外国の権威と支持により保たれていたきわめてあやうい秩序であったことになる。

以上のように公孫氏の公的な役割を高く評価したうえで、「共立」されたため政権基盤が脆弱な卑弥呼王権は、たえず後ろ盾として外国王朝の権威を必要としたと考えるならば、後述するように二三八年六月と明記する魏王朝との交渉時期も単純なまちがいとはいえなくなる。公孫氏滅亡よりも早く同年正月の攻勢により陥落した帯方郡の支配者交替という切迫した状況への迅速な対応を読みとることができる。以下ではその可能性を検討したい。

## 公孫氏政権

公孫氏は後漢末から三国時代に中国東北部で勢力をもった豪族《ごうぞく》で、後漢末の三世紀初頭に公孫氏は楽浪郡の南部を分けて帯方郡を設置し、『三国志《さんごくし》』の記載によれば卑弥呼が魏へ朝貢したとされる二カ月後の二三八(景初二)年八月に滅ぼされている。魏への朝貢以前に、公孫氏と女王卑弥呼との交渉がすでに存在していた可能性は高いと考えられるが、それでは卑弥呼は帯方郡を介して公孫氏とどのような外交関係を維持していたのであろうか。問題は、公孫氏が独立した地方政権を指向しつつも、魏王朝および呉王朝からの懐柔と従属の圧力に抗《あらが》うことができず、公孫氏の政治的立場が時期により微妙に変化したことである。

まずは独立政権としての確立過程を検討するならば、公孫度の時代には、

東して高句麗を伐ち、西して烏丸《うがん》を撃ち、威は海外に行わる。(「公孫度伝」)

とあるように、遼東太守として近隣諸国を討伐している。また夫余《ふよ》が遼東郡の支配下に属するようになると、高句麗と鮮卑《せんぴ》のあいだに位置することを利用して、一族の娘を妻としてあたえ関係を強めた(「夫余伝」)。さらに一九〇(初平《しょへい》元)年以降には、

遼東郡を分かちて遼西・中遼郡と為し、太守を置く。海を越えて東萊《とうらい》の諸県を収め、営州《えいしゅう》刺史《しし》を置く。自ら立ちて遼東侯・平州《へいしゅう》牧《ぼく》と為る。(「公孫度伝」)

とあるように、遼東郡を二郡に分割し、太守をおき、渡海して山東半島の東萊

郡の諸県を攻略して営州刺史をおいた。公孫氏による遼東郡・楽浪郡から遼西・中遼郡および楽浪・帯方郡への行政組織の細分化は、郡県制支配の徹底をはかった同じ政策意図によるものであったと考えられる。その後、自立を決意し遼東侯・平州牧▲を自称し、漢の祖廟《そびょう》を建てて漢王朝の権威を継承し、種々の天子《てんし》の制度を整えている。曹操《そうそう》▲からは武威将軍、永寧郷侯に任命されたが、「遼東の王」を自称する公孫度にとっては不服であったという。遠方であることから曹操には服従しなかったともある（「武帝紀《ぶていき》」）。

とりわけ注目すべきは、以下の記述で、

> 武皇帝……また命じて曰《いわ》く、海北の土地は割きて以て君に付し、世々子孫、実にこれ有るを得る。（「公孫淵伝」所引魏書）

曹操（武皇帝）からは海北の土地を切り離して公孫氏にあずけ、子々孫々支配する権利をあたえるとの約束がなされていたとの記述がある。これは「東夷伝序」に「公孫淵の父祖三世、遼東に有り。天子は其を絶域となし、海外の事を委ぬ」と記されているように、後漢の皇帝が遼東地域を絶域と位置づけ、公孫氏一族に「海外の事」を委任したとあることとも符合する。

▼**平州**　幽州は上古中国における九州の一つ。前漢武帝の時代に全国を一三州に分割し、刺史を設置したが、現在の河北省・遼寧省付近を幽州とした。のちには、公孫氏が支配する幽州東部を「平州」と名づけて、「平州牧」を自称した。

▼**曹操**　後漢末に活躍し、三国時代の魏王朝の基礎を築いた武将。生没一五五～二二〇年。二〇〇（建安五）年の官渡《かんと》の戦いで袁紹《えんしょう》を破り華北《かほく》を統一したが、二〇八（同十三）年の赤壁《せきへき》の戦いでは、呉の孫権《そんけん》に敗れている。後漢の丞相《じょうしょう》・魏王で、のちに魏の太祖《たいそ》武帝と追号された。

ちなみに、高句麗は公孫氏の属国《ぞくこく》的な扱いを受け、すでに公孫度の時代に遼東郡、のちには玄菟《げんと》郡の支配下にはいったが、反乱の討伐や王位の承認は、公孫氏が独自に行っていたように、名実ともに「遼東の王」として振る舞っていた。

熹《か》(嘉)平《へい》中、伯固《はくこ》乞い玄菟に属す。公孫度の海東に雄するや、伯固、大加《たいか》優居《ゆうきょ》・主簿然人《しゅぼぜんじん》等を遣わし、度を助け富山《ふざん》の賊を撃ち、これを破る。……建安中、公孫康軍を出しこれを撃ち、其国を破り、邑落を焚焼す。抜《ばっ》奇《き》兄にして立つを得ずを怨み、涓奴《けんど》の加《か》と各下戸《げこ》三万余口を将《ひき》いて康に詣りて降る。(「高句麗伝」)

魏王朝を正統とする中国正史の記述の立場は、批判が必要であるが、自立を決意した公孫度がこの段階で卑弥呼の朝貢を受けたとすれば、高句麗に対してと同じく、独自に「倭女王」の王号や「中平」年刀さらには銅鏡《どうきょう》といった威信財などをあたえたことも想定できる。

さらに二〇四(建安九)年以降は、子の康が位を相続し、先述したように楽浪郡を分割して帯方郡を設置し、韓と濊を征討したため倭と韓が帯方に属するようになったとある。これ以降は帯方郡を介して倭国は、公孫氏に正式に内属することになり、関係は二三八年の公孫氏滅亡まで続く。遅くともこの段階までには卑弥呼と公孫氏の関係は開始されていたと考えられる。

公孫淵は、魏との関係が悪化すると二三七(景初元)年に自立して燕王《えんおう》▲となり、百官有司《ひゃっかんゆうし》をおき、独自の年号を建てて紹漢《しょうかん》元年と称した。また、鮮卑と同盟し背後を攻撃させた(「明帝紀《めいていき》」「公孫淵伝」)。公孫氏が二三八年に魏により滅亡すると「遼東・帯方・楽浪・玄菟」がことごとく平定されたとあるように(「公孫淵伝」)、四郡の領域を支配する独立的な王であるとともに、山東《さんとう》半島の東萊郡に営州刺史をおき、高句麗・夫余・烏丸・鮮卑にも影響力を有し、韓と倭を内属させていたことが確認される。ちなみに呉《ご》は公孫淵を「使持節《しじせつ》▲・督幽州《とくゆうしゅう》・領青《りょうせい》州牧《しゅうぼく》・遼東太守・燕王」、「故魏使持節・車騎《しゃき》将軍▲・遼東太守・平楽侯《へいらくこう》」というように独立的な君主として表記している(「呉主伝」嘉禾《かか》二〈二三三〉年正月条・同伝所引江表伝《こうひょうでん》)。とりわけ燕王の称号および「紹漢元年」という漢王朝を継承する意図を示した独自の年号は注目される。

▼**燕王**　現在の北京《ペキン》を中心とする、中国北辺の広大な一帯をさす歴史的な呼称。公孫淵の代にいたって「燕王」を宣言する。

▼**使持節**　皇帝の代理人として刑罰権を有する印《しるし》(節)をもつ使者。

▼**車騎将軍**　大将軍につぎ、車騎部隊を率いる将軍。

## 公孫氏と魏王朝

一方で公孫氏政権は、完全に独立した地方政権としての性格を維持できたわけではなく、魏王朝（厳密には王朝の成立は二二〇〈黄初《こうしょ》元〉年以降だが、実質的には曹操の時代を含む）と呉王朝（二二二〈黄武《こうぶ》元〉年成立）の双方からは、懐柔と従属の圧力がたえず加えられてもいた。卑弥呼が魏への入貢《にゅうこう》以前に入手した刀剣や銅鏡などに代表される先進文物の性格はこうした政治過程を分析することにより明らかとなる。

まず先述したように公孫度の時代には、曹操から武威将軍とされ永寧郷侯に封ぜられているが、郷侯という地位には満足せず、勢力を拡大する独立的な動きをしていた。

次の公孫康の時代には二〇七（建安十二）年に、袁尚《えんしょう》▲を斬った功により魏王朝から襄平侯《じょうへいこう》に封ぜられ、左将軍▲に任命されている（「公孫度伝」）。これは魏王朝が北方の三郡烏丸▲の征討後に、遠方のため完全に服属していなかった公孫氏へも軍事的圧力をかけたため、逃げ込んだ賊徒の処分を示すことで恭順の姿勢を示したものである（「武帝紀」）。

▼**袁尚**　後漢末期の武将。袁紹の子。曹操に追われ、公孫康を頼るが取り押さえられ、二〇七（建安十二）年に斬首される。

▼**左将軍**　右《う》将軍とともに首都防衛を任務とする三品官《さんほんかん》の将軍号。

▼**三郡烏丸**　遼東・遼西・右北《うほく》平《へい》三郡に居住する烏桓をさす。

康の死後には、まだ淵が幼かったため、病弱であったが弟の公孫恭《きょう》が擁立された。二二一（黄初二）年には、遼東太守の継承を認め車騎将軍・仮節《かせつ》に任じ平《へい》郭侯《かくこう》に封ぜられ、康には大司馬《だいしば》▲が追贈されている（「文帝紀《ぶんていき》」「公孫度伝」）。

やがて二二八（太和《たいわ》二）年に恭から位を奪った公孫淵は、魏王朝内部に討伐の意見が存在したにもかかわらず揚烈《ようれつ》将軍▲・遼東太守に任命された（「劉《りゅう》曄《か》伝《でん》」「公孫淵伝」）。遼東太守への魏王朝からの正式な任命はこの淵以降であるが、「度を薦めて遼東太守と為す」、「度、官（遼東太守）に至る」、「自立して遼東侯と為す」、「度死して、子の康位を嗣ぐ」、「衆恭を立てて、遼東太守と為す」などとあるように『三国志』はさかのぼって、康と恭に対しても遼東太守の肩書きを用いている。卑弥呼の王号を考える場合にも参考となるが、「公孫氏は漢の時代に登用され、結局は代替わりしても官位を相承した」（「劉曄伝」）と評されたように、魏王朝はすでに後漢王朝時代に度にあたえられた官職である遼東太守の地位を公孫氏に対して基本的に承認していたことになる。代替わりごとに魏王朝の官職が確認、更新されていることや、公孫淵の兄である公孫晃《こう》が官位について洛陽《らくよう》にいたこと（「公孫淵伝」所引魏略）などからすれば、形式的には公孫氏が後

▼**大司馬**　軍事を担当する官職。魏晋代には三公の太尉よりも上位の上公で、大将軍が昇進して任命される名誉職。

▼**揚烈将軍**　臨時に任命される雑号将軍の一つ。

漢王朝を継承した魏王朝にも臣属《しんぞく》していたことを示す。活発な自立的な動きと形式的な臣属という緊張感のなかで、公孫氏と魏王朝との外交交渉が続けられていたことになる。

さらに二三〇（太和四）年には任命された三人の重要な将軍の一人として、公孫淵が車騎将軍に任命されている。このときに大司馬と大将軍に任命された曹《そう》真《しん》と司馬懿《しばい》▲は、直後に蜀《しょく》征討が命令されているように、魏王朝において北方の重要な軍事力として期待されていたことがうかがわれる（「明帝紀」）。公孫氏は独立的な地位を占めながらも、このころまでは魏王朝とは良好な関係を維持していたことになる。

## 公孫氏と呉王朝

ところが、二三二（太和六）年以降になると魏との関係は敵対的となる。これは魏王朝に対して公孫氏は臣下として従順な態度をとっていたにもかかわらず、明帝▲が平州刺史と幽州刺史に海路と陸路から突然同時に遼東を攻撃させたことによる（「蔣済伝《しょうさいでん》」所引戦略・「公孫淵伝」所引呉書）。魏による一方的な攻撃により、

**▼司馬懿**　魏の武将で、西晋《せいしん》の基礎を築く。生没一七九～二五一年。字は仲達《ちゅうたつ》。のちに高祖宣《せん》帝と追号された。蜀や公孫氏の討伐を行ったことは著名。

**▼明帝**　三国時代の魏王朝第二代皇帝。曹叡《そうえい》。生没二〇五（二〇六）～二三九年。在位二二六～二三九年。文帝曹丕《ぶんていそうひ》の長子。群臣の反対を押し切って公孫淵の征討を強行した。

**▼孫権**　三国時代の呉王朝初代皇帝。生没一八二～二五二年。在位二二九～二五二年。二〇八（建安十三）年の赤壁《せきへき》の戦いで南下してきた曹操の水軍を破り、二二二（黄武元）年には蜀軍に夷陵墓《いりょうぼ》の戦いで勝利し、三国の領域を確定する。当初、魏に対しては形式的に臣従し呉王に封じられるが、二二二年に「黄武」の年号を立て独立、二二九（黄竜元）年には皇帝に即位し建業《けんぎょう》を都《みやこ》とした。

公孫氏は魏王朝に対して不信感をもつようになり、魏と対立する南方の呉王朝の孫権《そんけん》▲とむしろ緊密な関係をもつようになる。

呉は、徐福伝説《じょふくでんせつ》▲にみられるような東方海上の諸国に対して関心があった。二三〇（黄竜《こうりゅう》二）年、呉は不老不死の仙薬《せんやく》を求めて将軍と兵一万を海上の夷州《いしゅう》と亶州《たんしゅう》▲へ派遣したと伝える。亶州は大海中にあり、古老らの伝えでは秦の始皇《しこう》帝《てい》が方士《ほうし》の徐福を童子・童女ら数千人とともにつかわして、蓬莱山《ほうらいさん》▲と仙薬をさがさせたが、彼らは亶州にとどまって帰ってこなかった。その子孫たちは「会《かい》稽《けい》」へ商売のためにやってくることがあるが、遠方のため将軍たちは夷州の住人数千を連れ帰っただけであったという（「呉主伝」黄竜二年条）。「会稽」と「亶州」が海上から行き来できるという伝承は、「倭人伝」に倭国の位置が「その道里を計るに、まさに会稽・東冶《とうや》の東に在るべし」と認識していることと密接に関連する。魏にとっては呉との対抗上から、呉にとっては東方のユートピアとして倭国が位置づけられたと考えられる。

これより以前から、呉の使者がしばしば公孫氏にも送られていたが、交渉は拒絶されていたようである。古くは康の時代に孫権から派遣された使者を斬っ

▼**徐福伝説**　『史記』によれば、徐福は秦の始皇帝から命じられて、東方海上の三神山《さんしんざん》にある不老不死の仙薬を求めて三〇〇〇人の童男・童女や百工《ひゃっこう》（技術者）らをつれて船出したが、現地で王となったため戻らなかったと伝承する。日本各地には、徐福に関係した伝承が残る。

▼**夷州・亶州**　二三〇（黄竜二）年、孫権は衛温《えいおん》と諸葛直《しょかつちょく》に命じて、兵一万を連れて夷州と亶州の探索を行わせる。夷州は今の台湾にあたる。亶州は『史記』「始皇帝本紀」にみえ、始皇帝は医師の徐福を蓬萊につかわして、仙薬を求めた。その徐福がとどまったというのが亶州とある。

▼**蓬萊山**　古代中国で、はるか東方海上にあり、仙人が住むと伝承される「方丈《ほうじょう》」「瀛州《えいしゅう》」とならぶ三神山の一つ。台湾や日本に比定する説もある。

**「赤烏元年」銘**（対置式）**神獣鏡**　呉の年号を示す「赤烏元（二三八）年」銘の画文帯神獣鏡が山梨県西《にし》八代《やつしろ》郡市川三郷《いちかわみさと》町の鳥居原狐塚《とりいはらきつねづか》古墳から出土している。

たことが記され（「公孫淵伝」所引魏略）、二二九（黄竜元）年五月にも呉の使者が遼東に派遣されたとある（「呉主伝」）。しかし、両者の交渉が活発化するのは、呉が二三二（嘉禾元）年三月に海路から使者を遼東に派遣して以降である。そのときに、将軍周賀《しゅうが》らは一〇〇艘の船を率いて交易し、名馬を調達している（「呉主伝」・「虞翻《ぐはん》伝」所引呉書・「公孫淵伝」所引呉書）。荷物を積んだ帰りの船に、公孫淵は使者を随行させ呉に臣属する旨の上表文《じょうひょうぶん》と貂《てん》の毛皮と馬を持参させた。途中、魏の妨害により将軍周賀は殺されてしまうが、他の使者は呉に到着し、孫権はこれを喜び、幽・青二州一七郡一七〇県をあたえ「燕王」に冊封《さくほう》している。二三三（嘉禾二）年正月には天下に大赦《たいしゃ》し、とくに「燕国」に対して周知させることも命じている（「公孫淵伝」所引呉書・「呉主伝」・同伝所引江表伝）。この大赦は、公孫氏の領国たる「燕国」が呉王朝に冊封されたのにともない、その「天下」に包含されていることを示している。三月の使者の帰国に際しては、一万の兵士と冊封を示す品々および多大な「金宝珍貨」が送られている（「呉主伝」）。

ところが呉王朝への使者派遣ののち、二三二年十月以降に、魏王朝から帰順を求める赦文《しゃぶん》による懐柔があり、そのため公孫淵は呉からの使者を斬ってふたたび魏王朝に属することを上表した。これにより魏の明帝は、持節と太守の地位はそのままで、大司馬に任命し、楽浪公とした(「公孫淵伝」・同伝所引魏略)。魏側の史料には、公孫氏が「呉賊」「逆賊孫権」の甘言に従い、「大海を渡り、多くの物資を持ち込み」「財貨や贈り物をもたらし」「賊使と交通」していることが非難されている(「公孫淵伝」所引魏略)。呉からは一時的にせよ大量の文物が公孫氏のもとに届けられたことが想定される。倭国における呉の赤烏《せきう》年号がはいった神獣鏡の出土を考える場合、公孫氏を介した呉との交通を視野にいれることが必要となる。画文帯神獣鏡は本来中国南方の呉の地域で成立したもので、公孫氏を経由して倭国にもたらされた可能性が指摘できる。呉王朝はその後も、一時的に高句麗王を冊封し、良馬を獲得することに成功したように、魏の背面への介入を続ける(「呉主伝」所引呉書)。

　魏王朝と公孫氏の関係は、一時的には回復したが、両者の不信感は継続し、二三四(青竜二)年に五丈原《ごじょうげん》の戦い▲で蜀の諸葛亮《しょかつりょう》▲が病没してから、魏に対する軍事的圧力が弱まり、兵力的な余力を生じて以降は、公孫氏の討伐はすでに予定の行動となっていた。二三七(景初元)年七月の毌丘倹《かんきゅうけん》▲の攻撃は撃退したも

**▼五丈原の戦い**　二三四(青竜二)年、現在の陝西《きょうせい》省渭水《いすい》盆地付近で行われた蜀と魏の戦い。一〇〇日以上の対陣ののち、諸葛亮が病没したため蜀軍が退却。以後、蜀は力を失い、魏による公孫氏討伐の契機となる。

**▼諸葛亮**　三国時代における蜀の軍師・丞相。字は孔明《こうめい》。生没一八一〜二三四年。劉備《りゅうび》と劉禅《りゅうぜん》の二代に仕え、「三顧の礼」や「天下三分の計」の逸話は有名。『三国志演《えん》義《ぎ》』では理想的な人物として描かれるが、『三国志』の記載とは異なる部分が多い。

**▼毌丘倹**　魏の武将。二三七(景初元)年、公孫氏の征討に出陣するが大雨により失敗する。二四六(正始七)年、高句麗を討伐し勝利をおさめた。二五五(正元《せいげん》二)年、対呉戦線の責任者であった文欽《ぶんきん》とともに、反乱を起こすが、司馬師《しばし》によって鎮圧され、死亡する。

**「景初三(二三九)年」銘三角縁神獣鏡**　島根県神原神社《かみはらじんじゃ》古墳から一九七二(昭和四十七)年に出土した。

のの、翌年正月の司馬懿による遼東出兵により八月には公孫氏は滅亡した(「明帝紀」「公孫淵伝」)。

この間に公孫氏は、「使を遣わして呉に謝す」とあるによれば、ふたたび呉王朝との関係修復を模索、滅亡直前にも呉王朝に臣従することを誓い、北方への派兵を願い救援を求めている。呉は、公孫氏の滅亡後の二三九(赤烏二)年三月に、遼東への北方派兵を行い、魏の守将を撃ち、配下の男女を捕虜としたとある(「公孫淵伝」所引魏書・「漢晋春秋」「呉主伝」)。

こうした魏と呉の対立の最中に倭国は楽浪・帯方郡へ遣使し、公孫氏からその地位を承認されていたことになる。「中平」年刀や画文帯神獣鏡に代表される先進文物を安定的に導入するためには、倭国は公孫氏との良好な関係を維持する必要があり、その背後には呉王朝との間接的な関係も想定される。卑弥呼の政治的立場を考える場合には、こうした公孫氏をめぐる複雑な東アジア情勢を考慮する必要がある。

## 卑弥呼と魏王朝

「倭人伝」によれば、卑弥呼と魏王朝との外交は、この帯方郡を魏が支配した直後の二三八(景初二)年に始まり、二四〇(正始元)年、二四三(同四)年、二四五(同六)年、二四七(同八)年にいたる約一〇年間におよぶ記載があり、さらに卑弥呼の死後における、宗女台与による魏への朝貢が記載されている。

二三八年　卑弥呼が魏へ遣使し、親魏倭王《しんぎわおう》の称号と金印紫綬《きんいんしじゅ》を授与される
二四〇年　帯方郡太守が倭に遣使し、鏡などを賜る
二四三年　倭王、再び魏へ遣使し、生口《せいこう》などを献上する
二四五年　魏は、倭の使者に詔《みことのり》と黄幢《こうどう》を賜い、帯方郡を通じて授与される
二四七年　倭王、帯方郡に狗奴《くな》国との交戦を報告、太守は檄文《げきぶん》で告諭する
二四八年ごろ　台与による魏への遣使

とりわけ「倭人伝」に二三八年六月とされる朝貢の時期は、重要である。

景初二年六月、倭の女王、大夫《たいふ》難升米《なんしょうまい》等を遣わし郡に詣《いた》り、天子《てんし》に詣りて朝献《ちょうけん》せんことを求む。太守劉夏《りゅうか》、吏将《りしょう》を遣わし送りて京都に詣らしむ。

その年十二月、詔書《しょうしょ》して倭の女王に報じていわく、親魏倭王卑弥呼に制《せい》詔《しょう》す。帯方の太守劉夏、使を遣わし汝《なんじ》の大夫難升米・次使都市牛利《としごり》を送り、汝献ずる所の男生口四人・女生口六人・班布《はんぷ》二匹二丈を奉りもって到る。汝がある所はるかに遠きも、すなわち使を遣わして貢献す。これ汝の忠孝、我はなはだ汝を哀れむ。今汝を以って親魏倭王と為《な》し、金印紫綬を仮《あた》え、装封《そうふう》して帯方の太守に付し仮授《かじゅ》せしむ。(「倭人伝」)

楽浪・帯方郡の平定は、司馬懿による遼東出兵とは別の部隊であり、同年八月における公孫氏の滅亡よりも早かった可能性が高い。すなわち、楽浪・帯方郡が公孫氏から魏王朝の領有に帰したのは、「景初中、大いに師旅を興し、淵を誅す。又軍を潜ませ海に浮かび、楽浪・帯方の郡を収め」(「東夷伝序」)とあるように、司馬懿による遼東出兵とは別に、景初年間(二三七~二四〇)に、劉昕《りゅうきん》を帯方太守、鮮于嗣《せんうし》を楽浪太守に任命し、海路から進軍させて二郡を平定したことによる。その直後に諸韓国の首長《しゅちょう》らには邑君《ゆうくん》や邑長《ゆうちょう》の印綬《いんじゅ》があたえられている。卑弥呼の帯方郡への遣使もこのタイミングで行われたと推定される。

景初中、明帝密かに帯方太守劉昕・楽浪太守鮮于嗣を遣わし海を越え二郡

▼**新井白石**　江戸時代中期の朱《しゅ》子学者《しがくしゃ》・政治家。生没一六五七~一七二五年。徳川家宣《とくがわいえのぶ》により登用され正徳《しょうとく》の治《ち》を行う。『古史通惑問《こしつうわくもん》』において邪馬台国畿内《きない》(大和《やまと》)説を主張する。

を定む。諸韓国の臣智には邑君の印綬を加賜し、その次は邑長を与う。

（「韓伝」）

その正確な時期は明らかではないが、明帝の死去が二三九（景初三）年正月であることからすれば、少なくともそれ以前のことである。明帝はすでに二三七（景初元）年七月における毌丘倹の攻撃失敗直後から四州に大船の建造を命令しており（『三国志』「明帝紀」景初元年七月条）、二郡への海路からの攻撃準備とすれば、翌年正月の司馬懿による遼東出兵と同時期であった可能性が高い。ただし、陸路からの遼東への侵攻は、抵抗や長雨などにより遅延し、六月にようやく軍勢は遼東に達したとあり（「公孫淵伝」）、密かに行われた海路による二郡の平定よりも遅れることとなる。

新井白石《あらいはくせき》▲や内藤虎次郎《ないとうとらじろう》以来の通説によれば、二三八年六月▲に卑弥呼は魏王朝と公孫氏の戦闘の最中に遣使できたはずがないとして、『日本書紀《にほんしょき》』神功紀《じんぐうき》三十九年条所引の「魏志」や『梁書』▲『翰苑《かんえん》』▲などの年紀を尊重して、二三九年のまちがいとされている。帯方太守の名前が「劉昕」ではなく、「劉夏」「鄧夏」とあることも別人として時期がずれる傍証とされている。

▼**二三八（景初二）年六月**　内藤虎次郎「卑弥呼考」は「景初二年六月は三年の誤りなり。神功紀に之を引きて三年に作れるを正しとすべし。倭国、諸韓国が魏に通ぜしは、全く遼東の公孫淵が司馬懿に滅ぼされし、結果にして淵の滅びしは景初二年八月に在り、六月には魏未だ帯方郡に太守を置くにいたらざりしなり。梁書にも三年に作れり」とするが、帯方郡に太守がおかれた時期は、公孫氏の滅亡後とは断定できない。

▼**『梁書』**　姚思廉《ようしれん》が六二九（貞《じょう》観《がん》三）年に完成させた梁（五〇二〜五五七年）についての歴史書。二十四史の一つ。本紀《ほんぎ》六巻・列伝《れつでん》五〇巻の合計五六巻から構成される。

▼**『翰苑』**　唐代に張楚金《ちょうそきん》により編纂された類書。のちに雍公叡《ようこうえい》により注が付された。もとは三〇巻と推定される。太宰府天満宮《だざいふてんまんぐう》には国宝として第三〇巻蕃夷《ばんい》部と後叙《こうじょ》のみが孤本として現存する。

▼**威信財**　身分をあらわすために上位の人や国などから贈られる品物で、その時代の人にとって価値あると認識される品物をいう。みずからの権威、権力の維持拡大のために配布される。卑弥呼が中国の皇帝からあたえられた金印や銅鏡などが相当する。

しかしながら、卑弥呼と公孫氏が長期に帯方郡を介して漢王朝や魏王朝からも公的に承認された朝貢関係にあったこと、卑弥呼の朝貢目的が「共立」に由来する脆弱な王権の後ろ盾および威信財▲の供給先として外国王朝をたえず必要としていたことを確認するならば、諸韓国への印綬の下賜と同時期に遣使することは可能であり、必要なことであった。太守の名前も「劉昕」「劉夏」「鄧夏」のように混乱があり、同一人物の可能性もある。二三八年の正月以降の早い時期に二郡の平定は完了していたとすれば、軍事から行政への役割変更による太守の早期交替も六月までには可能性がある。少なくとも「倭人伝」には二四〇年に「太守弓遵《きゅうじゅん》」、二四七年に「太守王頎《おうき》」ともあるように、太守の交替は頻繁であったことが指摘できる。

後世の史料における二三九年への年号の変更は、おそらく『晋書《しんじょ》』倭人伝が、年紀を掲げず「宣帝が公孫氏を平らぐるや、其の女王、使いを遣わし、帯方に至り、朝見《ちょうけん》せしむ」とした要約的な記載を根拠に、卑弥呼の遣使を二三八年八月の公孫氏滅亡以降と判断して、『三国志』の二三八年六月の年紀を単純に翌年六月に変更したものであろう。『晋書』とほぼ同時期に成立した『梁書』倭伝が

「魏の景初三年、公孫淵の誅せられし後に至り、卑弥呼始めて使を遣わす」と断定するのは明らかな改変である。おそらく『晋書』は、宣帝《せん》（司馬懿）の功績を強調するために、『三国志』に時期が明記されていない二郡の制圧も公孫氏の滅亡と一体的に記載したため、

二郡の制圧→卑弥呼の遣使→公孫氏の滅亡

という本来の前後関係に微妙な齟齬《そご》が生じ、

公孫氏の滅亡＝二郡の制圧→卑弥呼の遣使

の順に修正されたと考えられる。少なくとも神功紀所引の「魏志」は、すでに二三九年正月に死去している「明帝の景初三年六月」という矛盾した記載となっており、本来は二三八年であったとするのが合理的である。

卑弥呼と公孫氏との長い交渉が、魏王朝との交渉の前提に存在したとすれば、二三八年六月に卑弥呼が帯方郡に遣使することは時間的には不可能ではない。卑弥呼の遣使に応対した帯方太守は劉夏とあるが、劉昕と交替した二代目の帯方太守としても、海路からの二郡への侵攻は二三八年の早い時期に完了し、その情報をえた卑弥呼が早速に遣使したと想定される。

## 女王国・倭女王・親魏倭王

これまでの検討によれば、魏王朝との交渉以前にも、帯方郡を介した卑弥呼と公孫氏との長期間の交渉が想定された。さらにこの背景として、公孫氏による東夷諸国との交渉は、これまで考えられていたような軍閥《ぐんばつ》的な地方独立政権の独自な支配政策ではなく、後漢王朝および魏の武帝（曹操）からも一定程度容認された、絶域に対する辺境支配権によるもので、公的性格が強かったことが指摘できる。公孫氏による辺境支配に公的性格が強かったとするならば、卑弥呼に対してあたえられた王号《おうごう》の位置付けについてもこれまでとは異なった理解が可能となる。

「東夷伝」の用例分析からは、正式な王号使用には中国王朝からの承認が基本的に必要であり、そのため「僭号《せんごう》称王」（「濊伝」「韓伝」）、「本国主」（「高句麗伝」）、「自号韓王」（「韓伝」）などの細かい区別が存在したことを指摘した。一方で、「共立」という表現からは、後漢王朝以来の正当な「倭王」の継承者とは必ずしも位置づけられておらず、さらに倭国の内外には卑弥呼の倭王以外にも歴史的に二つの王統が存在したことを指摘した。すなわち、伊都国王が倭国の内部、外側には狗奴国王が存在し、これは「倭国伝」ではなく「倭人伝」という表記が表象するように、倭王たる卑弥呼がまだすべての倭人・倭種全体を掌握していない倭国形成過程における特殊な歴史的背景を想定した。

魏王朝は『三国志』では後漢王朝の正統性を継承する王朝と位置づけられているが、このことを前提として、卑弥呼の「女王」号が「共立」時からの称号と解すれば、公孫氏を介した承認が想定できる。卑弥呼が魏からあたえられた「親魏倭王」の称号は、後漢王朝（あるいは公孫氏）により、すでに倭国王として卑弥呼を認知しており、魏がそれを追認した可能性が指摘できる。

「倭人伝」における卑弥呼に対する王号は、対象とする領域が異なる用法が混在しているが、公孫氏と魏王朝からあたえられたものと解するならば整合的に理解できる。

まず魏王朝から卑弥呼へ「親魏倭王」の称号があたえられて以降の記載は、「倭王」あるいは「倭女王」の称号に統一されている。

「**親魏倭王**卑弥呼に制詔す」

「今汝を以って**親魏倭王**と為し、金印・紫綬を仮《あた》え」

▼**建忠校尉**　校尉は、皇帝の宮《きゅう》城《じょう》を守る武官。『日本書紀』神功紀は「建忠校尉」につくる。魏には「建忠将軍」、呉には「建忠中郎将」「建忠都尉」などの称号が存在した。



「正始《せいし》元年、太守弓遵、建忠校尉《けんちゅうこうい》▲梯儁《ていしゅん》等を遣わし、詔書・印綬を奉じて倭国に詣り、**倭王**に拝仮《はいか》す」

「**倭王**使いに因《よ》りて表《ひょう》を上《たてまつ》り、恩詔《おんしょう》に答謝《とうしゃ》す」

「其の四年、**倭王**、復《ま》た使いの大夫伊声耆《いとぎ》、掖邪狗《やざく》等八人を遣わし」

これらの用例によれば、「親魏倭王」の称号をあたえられて以後は、基本的に「倭王」とあり、「邪馬台国の女王」ではないことが確認される。この点を重視して卑弥呼は、邪馬台国の女王ではなく、倭国の女王であったことを強調する見解がすでに提起されている。ところが、「親魏倭王」への任命以前には、

「**倭の女王**、大夫難升米等を遣わして郡に詣らしめ」

「其の年の十二月、詔書ありて**倭の女王**に報《こた》えて曰く」

とあり、さらに狗奴国との抗争に際しても、

「**倭の女王**卑弥呼、狗奴国の男王卑弥弓呼と素《もと》より和せず」

とあるように、「倭女王」と「親魏倭王」は区別した用法となっている。「親魏倭王」の称号が「其れ種人《しゅじん》を綏撫《すいぶ》し」とあるように、倭人・倭種全体を包括した称号であるとすれば、「倭女王」の称号は「使訳の通ずる所三十国なり」という卑弥

呼が実効支配している狭義の倭国（邪馬台国連合）を示していると考えられる。したがって魏王朝段階には、広義の倭国を示す「親魏倭王」の称号と狭義の倭国（邪馬台国連合）を示す「倭女王」の称号が区別して用いられていることになる。

さらに「倭人伝」の前半には、邪馬台国が「女王の都《みやこ》する所」であるという説明を前提として、魏により冊封される以前の用例として、しばしば邪馬台国そのものを示す「女王国」表記がみられる。

「世々、王有り、皆、**女王国**に統属す」

「**女王国**より以北、その戸数・道里は略載することを得べきも」

「郡より**女王国**に至る、万二千余里なり」

「**女王国**より以北、特に一大率《いちだいそつ》を置きて、諸国を検察し、諸国これを畏憚《いたん》す」

「**女王国**の東、海を渡ること千余里、また国有り、皆倭種なり」

これに対して単に「女王」という表記で、明らかに邪馬台国だけでなく、卑弥呼の実質的な支配領域＝狭義の倭国領域を示す用例も少ないながら存在する。これは先述した魏王朝段階の「倭女王」の用例と類似の用法となる。

「次に奴国有り、此《こ》れ**女王**の境界の尽くる所なり。其の南には狗奴国有り。男子を王と為す。其の官には狗古智卑狗《くこちひこ》有り、**女王**に属せず」
「又た侏儒《しゅじゅ》国有りて、その南に在り。人の長三、四尺、**女王**を去ること四千余里なり」

明らかに魏の冊封以前には、「女王国」=邪馬台国および「女王」=狭義の倭国という二種類の用例が確認され、前者の用例が卓越していたことが確認される。おそらく卑弥呼の「共立」以前においては、邪馬台国の実質的な女王であったが、卑弥呼の「共立」により、さらに狭義の倭国全体の女王ともなったことがこうした表記の二重性の背景にあると推測される。形式的には、狭義の倭国の女王として「共立」されたものの、倭国内部の諸国の独立性は依然として高く、「女王国」の用例が狭義の倭国になっていない点は、魏の「親魏倭王」としての冊封以後とは段階を異にしたと評価される。「女王国」の用例が多いことや「共立」という形式を重視すれば、公孫氏による卑弥呼の「女王」としての扱いは、あくまで邪馬台国の女王を基礎として、独立性を有する諸国を形式的に束ねた狭義の倭国の代表としても位置づけられたもので、実質的には前者に重点があったと推定される。これは『後漢書』東夷伝に「倭国王」とされた帥升の立場と類似し、卑弥呼も単独で公孫氏および帯方郡に朝貢したのではなく、形式的に倭人社会を代表し、有力な国々を束ねる形での「(倭)女王」としての扱いであったと推測される。

卑弥呼の王としてのランクは図式化するならば、以下のように三段階あり、

(1)邪馬台国の女王＝女王国
(2)狭義の倭国(邪馬台国連合)の女王＝(倭)女王
(3)広義の倭国(倭人・倭種全体)の女王＝親魏倭王・倭王

形式的には公孫氏段階には(1)から(2)へと変化し、魏王朝段階には(2)から(3)へと変化したが、実質はそれぞれ(1)と(2)の段階にとどまったものと評価される。すなわち、公孫氏段階の卑弥呼は、「共立」により狭義の倭の女王を指向したが、内実は邪馬台国の女王＝女王国にとどまった。さらに魏王朝段階には、卑弥呼に「綏撫種人」による領域的なズレの修正を要求し、倭種全体を名実ともに統治する広義の倭国王＝親魏倭王として期待されたが、東方(倭種の国)と南方(狗奴国)には倭国(卑弥呼)の実効支配がおよばないため、倭人・倭種が住む地域の一

部（使訳が通じる邪馬台国を中心とする三〇国）が倭国の実態であった。実質的には狭義の倭国王（邪馬台国連合）の女王にとどまったことになる。『三国志』段階では「倭人伝」であって「倭国伝」ではなく、『宋書』以後にはじめて「倭国伝」となることはこうした倭国の領域的な変化をものがたっている。このように公孫氏段階の女王国（邪馬台国の女王）と、魏王朝段階の「倭王」「親魏倭王」とは区別して扱うことが必要であり、「倭人伝」には卑弥呼に対する異なる意味をもたせた王号が重層して用いられていたことになる。

## ④—卑弥呼王権の特質——鬼道と親魏倭王

### 鬼道

卑弥呼の王権については従来、開明的な側面と未開な呪術《じゅじゅつ》的側面の二面性が指摘されている。外交では魏《ぎ》の権威を積極的に利用して、威信財や府官制《ふかんせい》秩序▲により諸国や狗奴《くな》国に対峙し、交易・外交・防衛に関係した大倭《だいわ》・一大率《いちだいそつ》・卑奴母離《ひなもり》▲などの支配機構が邪馬台国《やまたいこく》を中心に組織されていた。一方で、「共立《きょうりつ》」された卑弥呼の王権は銅鏡《どうきょう》を用いた「鬼道《きどう》」という呪術により運営され、諸国はこの普遍的な権威によってのみ倭国《わこく》の争乱をかろうじて回避していた。狗奴国が卑弥呼の宗教的な権威を認めなかったために、交戦状態となったと推測される。

まず前者の未開なシャーマン的な女王としての資質は、

卑弥呼は鬼道によって、人びとをよく惑わした。成人してからも夫はなく、弟が補佐して国をおさめている。王となってからまみえたものはほとんどなく、侍女一〇〇〇人が侍り、ただ男性一人のみが、飲食を運び、女王の

▼**府官制秩序**　中国から爵号を受けて、幕府《ばくふ》を開設して属官《ぞくかん》をおくことを府官制という。臣下《しんか》たちに臨時の官職を授与することにより国内秩序を編成した。

▼**卑奴母離**　「倭人伝」の対馬《つしま》・一支《いき》・奴・不弥《ふみ》の四カ国に副官の名称としてみえる。辺要の地を守るため九州北部に設置された「夷守《ひなもり》」と解されている。

言葉を取り次ぐために出入りしていた。居所である宮室《きゅうしつ》や楼観《ろうかん》には、城柵《じょうさく》が厳重にめぐらされていた。

という「倭人伝《わじんでん》」の記載から推測される。「見えない神聖王」という位置付けがなされてきた。大人《たいじん》たちが国の利害を軍事的な手段でしか解決できなかったために、その収拾策として、共倒れを防ぐという意味において、卑弥呼は支配層たる諸国の大人がもっていない普遍的・超越的な権威を有した。これが「鬼道」であったとされる。

「鬼道」は未開的であると一般的には位置づけられているが、新しい普遍的な側面も指摘できる。卑弥呼は魏から銅鏡一〇〇枚をもらったという記載がある。これがはたして三角縁神獣鏡《さんかくぶちしんじゅうきょう》かどうかについては議論があるが、鏡を使った祭祀《さいし》と推測される。さらに、卑弥呼の宮殿《きゅうでん》には婢《ひ》が一〇〇〇人いたとある。この数は尋常な数ではない。もちろん正確に一〇〇〇人いたかどうかは問題ではなく、数が多いたとえではあろうが、諸国から巫女《ふじょ》的な人を多数集め、鏡を諸国に配り、統一的な祭祀がなされたと推測される。国の制約を越えた、祭祀の統合という側面では、新しく画期的であった。銅剣《どうけん》・銅鐸《どうたく》▲など青銅《せいどう》製品を用い

**卑弥呼の館**　「倭人伝」の記述を基礎に、弥生時代後半の環濠《かんごう》集落と古墳時代の豪族《ごうぞく》居館を参考にして、大胆に卑弥呼の居館を復元したもの。

**▼銅剣・銅鐸**　銅剣は九州・中国・四国地域に分布するのに対して、銅鐸は近畿・東海地方に多く分布する。旧説のように単純な文化圏の対立とはいえないが、分布のかたよりは顕著であり、地域的な特色として考えることはできる。

た旧来の祭祀は、明らかに九州・大和《やまと》・吉備《きび》・出雲《いずも》など、それぞれに地域性が強いものであった。おそらく卑弥呼は鬼道という形式で、それらの要素を普遍性のある形で統合したのではないか。祭祀の仕方をリニューアルした偉大な宗教者としての側面が指摘できる。卑弥呼の鬼道を「未開」と総括するだけでは問題であり、一面で当時における政治的統合の手段としては、重要な新しさをもっていたと考えられる。

## 親魏倭王

もう一つ、卑弥呼には対外関係に積極的な親魏倭王《しんぎわおう》としての顔がある。これは、魏により帯方郡《たいほう》が制圧されると、その直後に卑弥呼は都《みやこ》に使者を派遣、生口《せいこう》を献上し親魏倭王の称号や金印紫綬《きんいんしじゅ》や、銅鏡一〇〇枚などを授かったという「倭人伝」の記述に代表される。従来は、このときに中国とはじめて接触したと解され、そのタイミングのよさが評価されてきた。しかし、そうではなく後漢《ごかん》および公孫氏《こうそんし》の段階から中国との交渉をもっていたと考えられる。だからこそ情勢判断が可能であったと考えておきたい。さらに、狗奴国との関係において、魏を自分の後ろ盾として利用した点が評価されてきた。魏がなぜ倭国を厚く遇したかということについては、魏・呉《ご》・蜀《しょく》の三国の対立が背景にあり、倭国がはるか南方海上にあるという地理観を逆手にとり、中国による倭国に対する誤解を利用したことになる。呉と魏はたがいに争っていたため、呉の背後にあると考えられていた倭国を魏が厚く遇するならば、呉は窮地に陥るだろう、という思惑を利用したわけである。

すでに指摘されているように蜀と大月氏《だいげっし》▲との連携を妨げるため二二九（太和《たいわ》三）年に「大月氏波調《はちょう》」が魏から「親魏大月氏王」の称号を授与されているのが参考となる。「親魏倭王」の称号は、魏王朝が倭国と呉との連携を危惧し、これを牽制する意味合いから、厚遇の意味で「親魏倭王」の称号をあたえたと考えられる。本来ならば東夷《とうい》のとるにたらない国にすぎない倭国が、呉との対外関係上の問題から厚く遇されたことになる。こうした卑弥呼の王権が、外交を内政に利用するやり方は、一時的には成功した。ともあれ、卑弥呼の「共立」により、「倭国乱」を終息させ、安定的に鉄資源を国内に供給するという大人層の意向は実現されたことになる。

▼**大月氏**　紀元前二世紀から後一世紀ごろにかけて中央アジアに存在した遊牧民の国家。月氏は匈奴《きょうど》と争って敗れ、西に移動した部族を大月氏と呼び、大夏《たいか》を併合して大月氏国を立てる。前漢《ぜんかん》の武帝《ぶてい》は匈奴と対抗するため同盟を求めたが拒絶された。

## 「倭国乱」と卑弥呼

卑弥呼は「倭国乱」後の秩序回復にどのようにかかわっていたのであろうか。「倭国乱」の原因は「倭人伝」には明瞭な記載がない。わずかに、二世紀の終りごろ、卑弥呼が「共立」されたことによって、「倭国乱」が終結したとの記載がある。これまでは、稲作農耕の浸透にともない、耕地や用水の争い、領域的な争奪が激化したとする議論が一般的であった。

近年では、高品位の鉄製品は朝鮮半島南部の鉄地金に依存したと想定し、「倭国乱」の歴史的意義として、鉄の流通再編をめぐる北部九州と近畿・瀬戸内諸国の長期の争いと位置づけ、卑弥呼の「共立」により近畿勢力が流通と祭祀の優位性を確保したとする見解が有力となっている。「魏志」韓伝《かんでん》に「国は鉄を出し、韓・濊《わい》・倭皆従いて之《これ》を取る」とある記述が鉄資源の流通を想定する根拠となっている。鉄をめぐって、朝鮮半島諸国と倭が競争的にこれをえようとしていた。当時の鉄製品は農耕具として利用され、深く掘ることが容易にできるため、単位面積当りの収穫量がふえ、開地を開墾していくことも可能となった。さらに鉄は鎧《よろい》や剣などの武器として使用された。鉄素材を大量に入手した集団

▼**大人・下戸・生口**　当時の身分名称。大人は支配層、下戸は庶民、生口は奴隷か。「倭人伝」には下戸が大人に道であえば草むらにはいり、両手を地につけて敬礼したとある。

**吉野ヶ里遺跡の復元建物**（佐賀県神埼市・吉野ヶ里町）



が、周辺諸国から相対的に優位に立つことができた。当時、鉄が戦略的な物資であったことはまちがいない。さらに重要なのは、当時の倭国ではこれらの素材を自給することができなかったことである。そのため、原産地である朝鮮半島と倭国とのあいだの交易ルートは安定的に維持される必要があった。以後、倭国が朝鮮半島との関係を強めていく理由もここにあったと考えられる。

それでは、なぜ卑弥呼が「共立」されたのか。「倭人伝」によれば、倭国には大人・下戸《げこ》・生口▲という階層があり、大人が支配層であった。この大人層は、隣の国と戦争状態になったとき、軍事的手段によってしか紛争を解決する手段を知らなかった。たがいに争うことを重ね、共倒れになる最悪の事態を回避するためには、より上位の権力をみつけて、それに従うという形で、統一を維持することが必要になった。その上位の権力の必要性こそが、卓越した宗教的な資質を有した卑弥呼がかつぎだされる一つの原因であった。長い戦乱の終結を願う諸国大人層の総意によって承認されたと思われる。卑弥呼の「共立」は、戦乱を終らせるだけではなく、この戦いの要因であった安定的な鉄資源の供給ルートを確保することが重要であったので、新しい政治的な秩序をつくることが必

**楼閣を描いた土器**(奈良県唐古鍵遺跡)　「倭人伝」にみえる楼閣の具体像が推定できる。

**復元楼閣**(奈良県唐古鍵《からこかぎ》遺跡)

**吉野ヶ里大型建物**(模型)　「倭人伝」にみえる宮室・楼閣・城柵などの具体像が推測できる。

要になり、あらたに対外的な交通を支配する体制がつくられたと考えられる。

　鉄ルート確保という観点から注目されるのは、「倭人伝」にみえる諸国の市《いち》を監督する「大倭」という役人であり、中国に送った使者のうちに大夫《たいふ》の次に「都《と》市《し》」と呼ばれる市を監督する役人がみえることである。従来、「都市」は都市牛《ご》利《り》という人名の一部と考えられてきたが、「大夫難升米《なんしょうまい》・次使都市牛利」との記載から、大夫に対応する役職として、都市は市を監督する役人と解釈するのが近年の新説である。諸国に設置された原始的な官名以外では、大倭と一大率がこれまでにも注目されてきたが（大倭は国ごとの市場を監督し、一大率は伊都《いと》国におかれ、女王国以北の諸国の取締りと倭国の外交事務を担当したとある）、外交や交易などに特別な官が設定されていることは軽視すべきではない。鉄を中心とする流通政策が卑弥呼の王権にとって重要な関心事であったことは、こうした官名から推測される。

　ただし、鉄資源の確保が近畿地方の優位性を決定づけたとする近畿先進地論、近畿地方を中心とした強力な政治的統合を前提にして前方後円墳《ぜんぽうこうえんふん》の全国的展開を位置づける議論は、考古学的に十分に実証されていないとの批判もなされている。近畿地方を中心とした鉄器流通の変化と古墳《こふん》祭祀の統一とが相互にどのようなプロセスにより行われたのかについては、仮説的な要素が強く、必ずしも十分な実証がともなっていないのも事実である。近年では定型化した前方後円墳の出現期とも位置づけられるようになった、卑弥呼および台与段階の王権の性格規定にかかわるまさに核心的な問題となっている。近畿地方における鉄器流通の優位性の確保を前提とした古墳祭祀の統一過程が必ずしも自明なことではないとするならば、従来のヤマト王権成立にいたるプロセスとはやや異なる議論が必要となってくる。

まず、鉄器の普及については従来、後漢による楽浪郡《らくろうぐん》支配の衰退とともに奴国や伊都国を中心とする北部九州諸国の倭国全体における相対的な地位が低下したのにともない「倭国乱」が発生、近畿勢力が北部九州諸国を制圧し、鉄の供給源を独占したと論じられることが多い。しかし、弥生《やよい》時代を通じて北部九州における鉄器生産は列島における他地域の追随を許さなかったとすれば、石器の消滅という間接的な議論を除けば、近畿勢力による同質化や逆転現象は十分証明できない。「倭国乱」の原因が九州以東諸国の安定的な鉄素材と威信財の入手ルートの確保だとしても、卑弥呼の「共立」という結果によれば、近畿勢力が北部九州勢力を完全に制圧したわけではなく、伊都国に郡使が常駐することからすれば外交窓口としての北部九州の役割は変化していない。少なくとも航路の安全を祈る目的でヤマト王権主導による祭祀が行われたとされる玄界灘《げんかいなだ》の沖《おき》ノ島《のしま》祭祀▲は四世紀後半まで本格化していない。

むしろ九州以東諸国が安定的鉄ルート確保という目的で結束し、北部九州から遠く離れた東国諸国との窓口を有した邪馬台国が中心的立場を占め、名目上外交ルートを一本化したものと考えられる。この場合の「共立」の条件として鉄器普及の先進地であることは必ずしも必要ではなく、同盟諸国の同意をえることが重要であったと考えられる。卑弥呼による鬼道が邪馬台国だけでなく他の同盟諸国にも承認されやすい、普遍性をもつ鏡を用いた祭祀であったことも重要であったと考えられる。銅鏡による祭祀は先進地北部九州ではすでにすたれつつあり、九州以東で活発化し、近畿地方がその中心的な位置を占めていたことが結束の「旗印」として意味があったことになる。

**▼沖ノ島祭祀**　玄界灘に浮かぶ孤島で、宗像大社《むなかたたいしゃ》の沖津宮《おきつみや》。「海の正倉院《しょうそういん》」と呼ばれるように、古代の祭祀遺物が大量に出土した。ヤマト王権による朝鮮半島への航海安全を願って手厚くまつられた。

**沖ノ島の祭祀遺跡**　航路の安全を祈るためにささげられた祭具は，巨石の周辺や岩陰から大量に出土する。右は模型。

玄界灘に浮かぶ沖ノ島

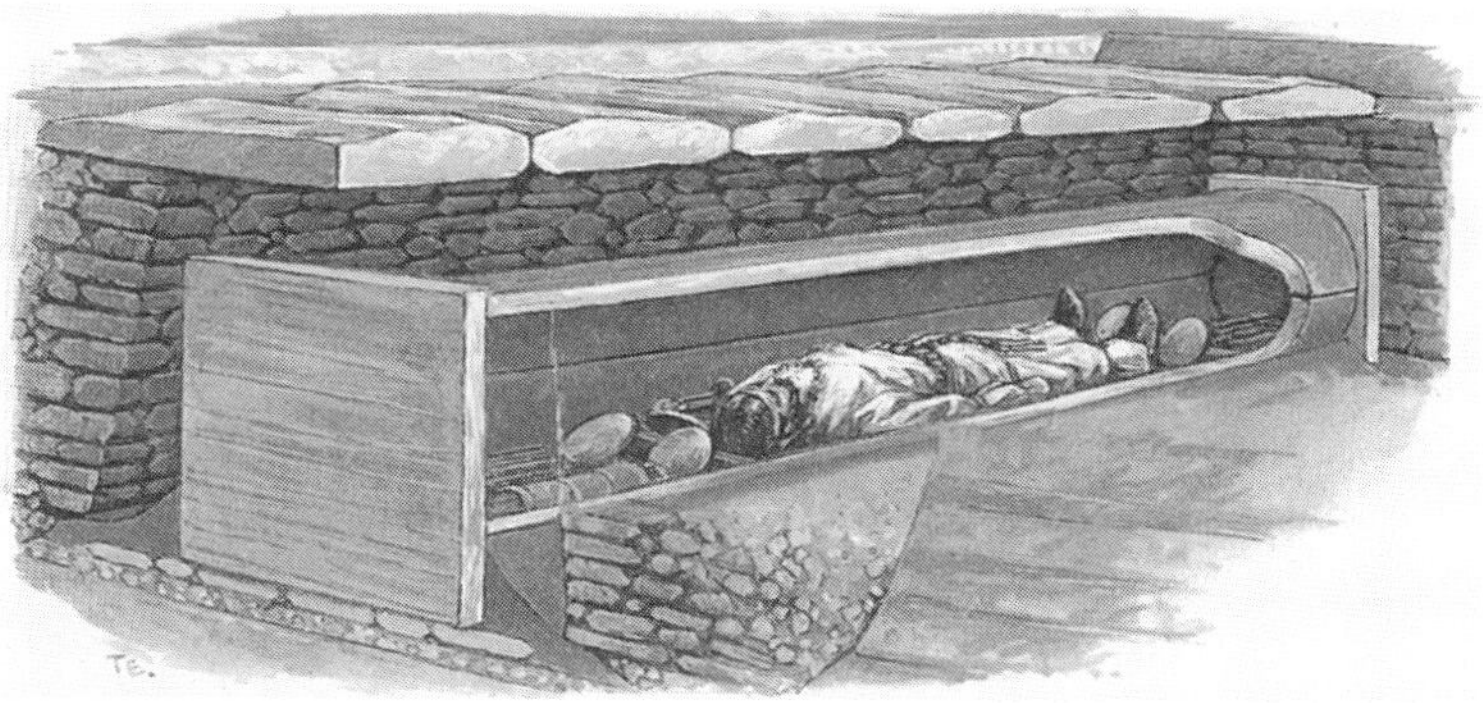

竪穴式石室と割竹形木棺

## 「まつり」と「まつりごと」

卑弥呼の王権の性格規定をする場合に問題となるのは、男弟との役割分担である。「倭人伝」によれば、「男弟有りて国を佐《たす》け治む」とある。この点に関係して魏使が邪馬台国に赴き、卑弥呼に接見したかどうかが議論となっている。魏使は、「正始《せいし》元年、太守《たいしゅ》弓遵《きゅうじゅん》・建忠《けんちゅう》校尉《こうい》梯儁《ていしゅん》等を遣わし、詔書《しょうしょ》・印綬《いんじゅ》を奉じて倭国に詣《いた》り、倭王に拝仮《はいか》す。……倭王使いに因《よ》りて表《ひょう》を上《たてまつ》り、恩詔《おんしょう》に答謝《とうしゃ》す」という記載を重視すれば、当然ながら邪馬台国に出向き、倭王に面会したと考えられる。ただし、伊都国について「郡使《ぐんし》の往来、常に留まる所なり」と註記され、「王と為《な》りて自《よ》り以来《このかた》、見《まみ》ゆること有る者少なし」という「見えない神聖王」という属性を重視すれば、直接の会見は疑問であり、男弟が対応したと考えられる。しかし、王が「見えない」のは基本的に性差によるものではなく、倭王としての属性であった。のちの男性大王もまた外国使者と接見しないのが普通であった。たとえば「天皇、呉人に設へたまはむと欲して、……遂に石上《いそのかみ》の高抜《たかぬ》原《はら》にして呉人を饗へたまふ。時に密に舎人《とねり》を遣わして、装飾を視察しむ。……是に、天皇自ら見たまはむとして、臣連《おみむらじ》に命せて、装せしむること饗せし時の如《ごと》くして、殿の前に引見たまふ」(『日本書紀《にほんしょき》』雄略《ゆうりゃく》紀十四年四月甲午朔条《こうごのさく》)とあるように、男王たる大王《だいおう》雄略も舎人▲を介して外交使者と接し、直接には接見しておらず、推古《すいこ》女帝の外交儀礼もこうした延長線上で位置づけるべきものである。

従来、卑弥呼と台与が倭の女王であったことや「鬼道」により人びとを惑わしたこと、などを重視する立場からは、男性による首長《しゅちょう》位《い》の世襲は確立せず、未開の祭政未分離の段階が想定されてきた。近年では、ヒメ＝聖＝祭祀、ヒコ＝俗＝政治という明確な二分論ではなく、双系《そうけい》制▲的な社会を前提とした性格の異なる複数の首長による共同統治が一般的で、キョウダイ関係にある一対の男女であることが多かったとされる。実際、卑弥呼と男弟の関係のみが強調される傾向があるが、「倭人伝」には狗奴国のように男王のみ、台与のように女王のみのケースも記載されており、多様なあり方が並存していたと考えられる。

古墳時代の前期まで女性首長の存在は一般的であり、さまざまなバリエーションを含みながらも、同じ血を引くキョウダイ関係にある男女のペアが、聖俗による明確な分業ではなく、男女間で祭祀(まつり)と政治(まつりごと)を共有し

▼**舎人**　大王や天皇などに近侍する従者《じゅうしゃ》の名称。「殿侍《とのはべ》り」の意か。

▼**双系制**　子の出自が父方の親族にも母方の親族にも平等にたどられる社会。子どもが母方か父方の規定された親族に組み入れられるシステムを、それぞれ母系《ぼけい》制、父系《ふけい》制と呼び、子どもが二つの親族に同等の資格で参与するシステムを、双系制と呼ぶ。

ていたと考えられる。

　卑弥呼の場合も「詔書・印綬」が男弟ではなく「倭王に拝仮」されたことを重視すれば、卑弥呼が「鬼道」に代表される祭祀（まつり）だけでなく、政治も担当したことは明らかである。男弟は稲荷山《いなりやま》古墳出土の鉄剣銘▲における「ヲワケ臣」の「左治天下《さじてんか》」と同じく、あくまでまつりごとを「佐治」する補佐役であり、卑弥呼の政治（まつりごと）を助けたと考えられる。憶測すれば魏王朝からあたえられた「五尺刀《ごしゃくとう》二口」は、卑弥呼と男弟に一口ずつ賜与された可能性も指摘できる。

## 古墳祭祀

　大和の箸墓《はしはか》古墳▲（扉写真参照）は卑弥呼の墓か、という議論がなされるほど、近年では古墳の築造開始年代の理解が三世紀におよぶようになった。前方後円墳が出現する年代については、考古学においても三世紀のいつごろなのかいまだに確定しているわけではないが、首長権の継承儀礼が前方後円墳上で行われていたと仮定したならば、「倭人伝」によるかぎり台与の段階まで祭祀形態は安定しなかったと推測される。もし前方後円墳が卑弥呼の段階に存在したならば、

▼**稲荷山古墳出土鉄剣銘**　埼玉県行田《ぎょうだ》市にある埼玉《さきたま》古墳群の前方後円墳。墳長約一二〇メートル。古墳時代後期の五世紀後半の築造と考えられている。一九六八（昭和四十三）年の発掘調査により鉄剣が発掘され、七八（同五十三）年に一一五字の金象嵌《きんぞうがん》の銘文《めいぶん》が解読された。銘文の「辛亥年《しんがいのとし》」は四七一年に比定され、「ワカタケル大王」は倭王武《ぶ》・雄略天皇を示すとされている。

▼**箸墓古墳**　奈良県桜井《さくらい》市箸中《はしなか》にある初期の大型前方後円墳。大市墓《おおいちぼ》とも称され、ヤマトトトヒモモソヒメの墓との伝承がある。纏向《まきむく》古墳時代前期の大集落である纏向遺跡が隣接する。

のちに擁立された男王の地位が不安定で倭国内部が混乱したことは説明しにくい。おそらく個人的な資質を安定的に継承する儀礼は行われないまま卑弥呼は死んでしまったのではないか。卑弥呼により保たれた平和は、あくまで「一代限りの平和」であり、あらたな首長により再構築されなければならなかった。偉大な首長であればあるほど、首長の代替わりにおける権力的空白が大きくなるという矛盾をこの時期の政治権力は内包していた。古墳祭祀は、卑弥呼や台与が個人的な資質として有した呪術的な能力、これを次の王にも安定的に継承する祭祀であると位置づけられる。そのため古墳祭祀には諸国が承認できる普遍性・共通性が要求され、吉備や大和など西日本各地の首長墓を構成していた要素（墳形《ふんけい》・埴輪《はにわ》▲・葺石《ふきいし》・竪穴式石室《たてあなしきせきしつ》▲〈七七ページ下図参照〉・副葬品《ふくそうひん》など）が総合されている。

しかしながら、従来はのちの近畿地方を中心に巨大化した前方後円墳の全国的展開に目を奪われてしまい、近畿勢力による強力な政治的統合を当初から想定する見解が多かったが、卑弥呼・台与段階まで定型化した前方後円墳の成立を古く考えるようになったことで、文献解釈からは卑弥呼の「共立」の意味を深

▼**埴輪**　古墳上にならべられた素焼きの土《ど》製品。円筒《えんとう》埴輪（筒形・壺形・朝顔形など）と形象埴輪（家形・器財・人物・動物など）に大別される。中空《ちゅうくう》につくられ、下部を土中に埋める。

▼**竪穴式石室**　古墳時代の前期から中期にみられる埋葬形式。粘土や木製の槨《かく》をおさめる空間をつくり天井石《てんじょうせき》をかぶせる構造。後期の横穴式石室と対比される。

**黒塚古墳《くろづか》**　奈良県天理《てんり》市 柳《やなぎもと》本町に所在する前期の前方後円墳で，三角縁神獣鏡が大量に出土したことで有名。

く考える必要が生じてくる。考古学的にも、弥生墓制における近畿地方の「優位」は証明がむずかしく、前方後円墳には近畿地方の首長墓を構成していた固有の要素はほとんどなく、吉備や北部九州の要素が濃厚である点などが、通説の弱点として指摘されている。さらに、成立期の古墳には前方後円墳以外に、前方後方墳の形式も混在しており、地域による多様性があり、排他的な形式として純化や超越化をしておらず、権力的にはまだ未熟であったと判断される。被葬者についても男性首長による世襲が卓越する段階となるのは対外的な軍事的緊張が高まる五世紀後半以後で、成立期の古墳では女性首長を含む多様な埋葬構成をとっていたことが指摘されている。

以上によれば、前期古墳はヤマト王権の権力確立の「結果」ではなく、「手段」として機能したと位置づけられる。「首長の一代性」による権力的な空白を埋めるための儀礼として古墳祭祀が考案されたと考えられるが、それが近畿地方を中心とする強固な政治的統合に収斂していくのは、前方後円墳の継続的な築造の結果である。

卑弥呼の王権は、後ろ盾としての中国王朝の存在や、そこからもたらされる銅鏡に象徴されるような先進文物、朝鮮半島からの鉄資源の安定的供給、それに加えて卑弥呼の優れて個人的な宗教的な資質が不可欠であった。卑弥呼の資質が次代の倭国王にも安定的に継承される仕組み、すなわち卑弥呼一代で築かれた安定的秩序＝平和を次世代に伝えていくシステムがまだ確立していなかったことが卑弥呼王権の限界であった。「倭人伝」によれば卑弥呼が死去したのち、男王を立てたが諸国は承知せず、混乱は台与の「共立」まで続いたとある。

## 晋への遣使

卑弥呼没後も一族の女性台与の呪術的権威により統一は保たれたが、二六六（泰始《たいし》二）年の朝貢《ちょうこう》以降、一世紀以上のあいだ倭国の記載は中国正史《せいし》からは消えることとなる。通説では『日本書紀』神功紀《じんぐうき》六十六年条所引の「晋起居注《しんききょちゅう》」▲に「武《ぶ》帝《てい》の泰初《たいしょ》二年十月、倭の女王、訳を重ねて貢献せしむ」とあることを根拠に、台与による遣使を想定する。

しかしながら、『晋書《しんじょ》』武帝紀には、「倭人、来たりて方物を献ず」とあり、同書四夷伝《しいでん》倭人条には「泰始の初め、使いを遣わし、訳を重ねて入貢す」とあるよ

▼**起居注**　中国皇帝の日常の言行や起居動作を細かく記録した日記で、皇帝の近侍官《きんじかん》が筆録した。皇帝の死後は、一代記たる実録の基礎資料となった。

うに、倭国からの使者がやってきたことは確認されるが、倭王の性別記載はなく、必ずしも台与の朝貢とは明記されていない。さらに『晋書』四夷伝倭人条には、卑弥呼の死去や台与の即位記事は一切みえず、文脈上では「倭の女王」たる卑弥呼が一貫して二六六年の朝貢まで連続して入貢していたと解釈できる記載になっている。

> 乃《すなわ》ち女子を立てて王と為す。名づけて卑弥呼と曰《い》う。宣帝《せんてい》の公孫氏を平ぐるや、其の女王、使を遣わして帯方《たいほう》に至りて朝見《ちょうけん》す。その後も貢聘《こうへい》は絶えず、文帝の相《しょう》と成るに及び、又数《しばしば》至る。泰始の初め、使いを遣わし、訳を重ねて入貢す。

『晋書』では、史実とは異なり「魏志」倭人伝の卑弥呼の記載を念頭に「倭の女王」(卑弥呼)からの使者と短絡した書き方になっている。『日本書紀』所引の「晋起居注」も独自の記録とするよりも、台与と明記していない以上、『晋書』に帰結する卑弥呼中心の理解を前提に記載している可能性が高い。「神功紀」も卑弥呼と神功皇后を重ね合わせる目的で、『晋書』の論理に従って、卑弥呼死去後も「倭の女王」の表記を採用したと考えられる。したがって、「晋起居注」にある

「倭の女王」を短絡的に台与に限定して解釈することは、『晋書』の文脈と整合させるかぎり自明のことではなくなり、台与の没年をさかのぼらせて箸墓の被葬者に想定することも可能となる。

## ヤマト王権への展望

あらたな古墳祭祀を創出することによって資質の継承は、原理的には必ずしも卑弥呼の一族のような血縁関係に限定されなくなった。血縁的なつながりがなくとも、あらたな古墳祭祀によれば新首長となりうることとなった。倭国において以後、純化した血縁として王系が安定するのは継体《けいたい》〜欽明《きんめい》朝以降であり、それ以前の倭の五王段階には男性首長への収斂はあるものの、王系の交替は潜在的には可能であった。

古墳祭祀の利点としては、もう一つ中国の後ろ盾がなくとも自己の権威を継承できるようになったことが指摘できる。奴《な》国から伊都国、伊都国から邪馬台国という権力の動きが、基本的には中国の権威により保障されていたことは否定できない。遅くとも四世紀には大和を中心とする従属的な同盟関係が成立した。

しかしながら、その求心力を維持するためには、鉄資源の安定的供給および先進文物の導入は相変わらず必要であった。王権における外部依存問題は、卑弥呼の段階に解消するのではなく、基本的には日本古代史を規定する大きな要因と成り続ける。

つまり三世紀には、倭人社会全体がまだ「倭国」として統一されていなかったこと、いいかえるならば日本列島において政治的に統合に向かったのは、西日本の弥生社会に特徴的な出来事であり、その背景には中国王朝の政治的・経済的な影響力が大きかったこと、卑弥呼の資質が次代の倭国王にも安定的に継承される仕組みが存在しなかったため、古墳祭祀が創出されたことになる。

仁藤敦史「文字史料からみた古墳と王権」『講座 日本の考古学７　古墳時代 上』青木書店, 2011年
春成秀爾「『倭国乱』の歴史的意義」『日本史を学ぶⅠ』有斐閣, 1975年
春成秀爾「前方後円墳論」『東アジア世界における日本古代史講座２』学生社, 1984年
広瀬和雄『前方後円墳国家』角川書店, 2003年
弘中芳男『古地図と邪馬台国』大和書房, 1988年
福岡県教育委員会編『福岡県文化財調査報告書69　三雲遺跡　南小路地区編』福岡県教育委員会, 1985年
北条芳隆・溝口孝司・村上恭通「前方後円墳と倭王権」「鉄器生産・流通と社会変革」『古墳時代像を見直す』青木書店, 2000年
水野祐『評釈　魏志倭人伝』雄山閣出版, 1987年
宗像大社復興期成会編『宗像　沖ノ島』『続　沖ノ島』吉川弘文館, 1979・81年
室賀信夫「魏志倭人伝に描かれた日本の地理像」『神道学』10, 1956年
山尾幸久『日本古代王権形成史論』岩波書店, 1983年
義江明子『日本古代の祭祀と女性』吉川弘文館, 1996年
義江明子『つくられた卑弥呼』筑摩書房, 2005年
吉田晶『卑弥呼の時代』新日本出版社, 1995年
吉田孝「魏志倭人伝の『都市』」『日本歴史』567, 1995年

写真所蔵・提供者一覧（敬称略, 五十音順）

安城市歴史博物館　　p. 11
一宮浅間神社蔵・東京国立博物館 Image:TNM ImageArchives 提供　　p. 52
榮永大治良画・大阪府立弥生文化博物館　　カバー裏
大阪府立弥生文化博物館　　p. 68
宮内庁書陵部　　カバー表, p. 8上右
国（文化庁）保管・奈良県立橿原考古学研究所提供・阿南辰秀撮影　　p. 82下
国営吉野ヶ里歴史公園事務所　　p. 72
国立歴史民俗博物館　　p. 8下, 37下左, 73下, 77上右
桜井市教育委員会　　扉
島根県教育委員会　　p. 54
田原本町教育委員会　　p. 73上右・左
天理大学附属天理参考館　　p. 25右
東京国立博物館・Image:TNM ImageArchives　　p. 37上
奈良県立橿原考古学研究所　　p. 82上
福岡市博物館　　p. 37下右
福岡県教育委員会　　p. 25左
宗像大社　　p. 77上左・中
山本耀也画・『日本の歴史２　倭人争乱』集英社　　p. 77下
龍谷大学図書館　　p. 8上左

## 参考文献


石野博信『邪馬台国の考古学』吉川弘文館, 2001年
石母田正『日本の古代国家』岩波書店, 1971年
大林太良『邪馬台国』中央公論社, 1977年
岡村秀典『三角縁神獣鏡の時代』吉川弘文館, 1999年
岡本健一『邪馬台国論争』講談社, 1995年
尾崎康『正史宋元版の研究』汲古書院, 1989年
春日市教育委員会編『奴国の首都・須玖岡本遺跡』吉川弘文館, 1994年
金子修一「中国史の眼で『魏志』倭人伝を読む」『法政史学』59, 2003年
川口勝康「大王の出現」『日本の社会史３』岩波書店, 1987年
小林敏男『日本古代国家形成史考』校倉書房, 2006年
佐伯有清『研究史　邪馬台国』吉川弘文館, 1971年
佐伯有清『研究史　戦後の邪馬台国』吉川弘文館, 1972年
佐伯有清『邪馬台国基本論文集Ⅰ』創元社, 1981年
佐伯有清『魏志倭人伝を読む』上・下, 吉川弘文館, 2000年
白石太一郎「邪馬台国時代の畿内・東海・関東」国立歴史民俗博物館編『邪馬台国時代の東日本』六興出版, 1991年
白石太一郎『古墳とヤマト政権』文藝春秋, 1999年
関和彦『邪馬台国論』校倉書房, 1983年
田島公「外交と儀礼」『日本の古代７』中央公論社, 1986年
田中琢「倭の奴国から女王国へ」『岩波講座日本通史２』岩波書店, 1993年
田中良之『古墳時代親族構造の研究』柏書房, 1995年
辻田淳一郎『鏡と初期ヤマト政権』すいれん舎, 2007年
都出比呂志「日本古代の国家形成論序説」『前方後円墳と社会』塙書房, 2005年（初出1991年）
寺沢薫『王権誕生』講談社, 2000年
東京国立博物館・九州国立博物館編『重要文化財東大寺山古墳出土金象嵌銘花形飾環頭大刀』同成社, 2008年
中村五郎「弥生時代後期における流通過程の問題」『考古学手帖』15, 1962年
西嶋定生『中国古代国家と東アジア世界』東京大学出版会, 1983年
西嶋定生『日本歴史の国際環境』東京大学出版会, 1985年
西嶋定生『邪馬台国と倭国』吉川弘文館, 1994年
西嶋定生『倭国の出現』東京大学出版会, 1999年
西村敬三「卑弥呼の遣魏使『都市牛利』について」『季刊 邪馬台国』55, 1994年
西本昌弘「邪馬台国論争」『日本歴史』700, 2006年
仁藤敦史・佐原真『卑弥呼の「戦争と平和」』歴博振興会ブックレット, 1997年
仁藤敦史「鬼道を事とし, よく衆を惑わす」『三国志がみた倭人たち』山川出版社, 2001年
仁藤敦史「古代日本の世界観」『国立歴史民俗博物館研究報告』119, 2004年
仁藤敦史「ヤマト王権の成立」『日本史講座１』東京大学出版会, 2004年
仁藤敦史「宗教王としての卑弥呼」『弥生の考古学７　権力と儀礼』同成社, 2008年
仁藤敦史「卑弥呼の王権と朝貢―公孫氏政権と魏王朝―」『国立歴史民俗博物館研究報告』151, 2009年

### 卑弥呼と台与とその時代

| 西　暦 | 年号(中国) | お　も　な　事　項 |
|---|---|---|
| 前108 | | 前漢武帝，朝鮮半島に楽浪郡など4郡をおく |
| 紀元前後 | | 倭人は100余国に分かれ，その一部は楽浪郡と交渉 |
| 8 | | 王莽が新を建て，前漢が滅亡 |
| 25 | | 光武帝の即位，後漢王朝の開始 |
| 57 | 建武中元2 | 倭の奴国王が後漢に朝貢，光武帝から印綬を受ける |
| 107 | 永初元 | 倭国王帥升ら，後漢に生口160人を献上 |
| 146～189 | 本初元～中平6 | 倭国が乱れる<br>卑弥呼の共立 |
| 184～189 | 中平年間 | 東大寺山古墳出土「中平」紀年銘鉄製太刀がつくられる |
| 204 | 建安9 | 公孫康が楽浪郡の南部を帯方郡とする |
| 220 | 黄初元(延康元) | 魏王朝の開始 |
| 234 | 青竜2 | 五丈原の戦い，諸葛孔明の死去 |
| 238 | 景初2 | 公孫氏の滅亡<br>卑弥呼が魏へ遣使し，「親魏倭王」の称号と金印紫綬を授与される<br>「赤烏元年」紀年銘画文帯神獣鏡がつくられる |
| 240 | 正始元 | 帯方郡太守が倭に遣使し，鏡などを賜る |
| 243 | 4 | 倭王，ふたたび魏へ遣使し，生口などを献上する |
| 245 | 6 | 魏の少帝，倭の使者に詔と黄幢を賜い，帯方郡を通じて授与される |
| 247 | 8 | 倭の女王卑弥呼の使者帯方郡にいたり，かねて対立していた狗奴国の男王卑弥弓呼との交戦を告げる<br>帯方郡太守・張政らを倭に遣わし，詔書・黄幢を難升米に授け，檄をつくって告諭する |
| ～248 | 正始年中 | 卑弥呼の死去<br>男王を立てるも国中服さず，1000余人が誅殺される<br>卑弥呼の宗女台与が女王となる<br>台与による魏への遣使 |
| 265 | 泰始元 | 魏の滅亡，西晋が興こる |
| 266 | 2 | 倭から西晋へ遣使 |

仁藤敦史(にとう　あつし)
1960年生まれ
早稲田大学大学院博士後期課程満期退学
博士(文学・早稲田大学)
専攻，日本古代史(王権論・都城制成立論)
現在，国立歴史民俗博物館・総合研究大学院大学教授
主要著書
『女帝の世紀』(角川学芸出版2006)
『都はなぜ移るのか—遷都の古代史—』(吉川弘文館2011)
『古代王権と支配構造』(吉川弘文館2012)
『古代王権の史実と虚構』(編著，竹林舎2019)
『古代王権と東アジア世界』(吉川弘文館2024)

日本史リブレット人 001
卑弥呼《ひみこ》と台与《とよ》
倭国の女王たち
2009年10月26日　1版1刷　発行
2024年8月20日　1版5刷　発行
著者：仁藤敦史《にとうあつし》
発行者：野澤武史
発行所：株式会社 山川出版社
〒101－0047　東京都千代田区内神田1－13－13
電話　03(3293)8131(営業)
03(3293)8135(編集)
https://www.yamakawa.co.jp/
印刷所：信毎書籍印刷株式会社
製本所：株式会社 ブロケード
装幀：菊地信義
ISBN 978-4-634-54801-5

# 日本史リブレット 人

1 卑弥呼と台与 —— 仁藤敦史
2 倭の五王 —— 森 公章
3 蘇我大臣家 —— 佐藤長門
4 聖徳太子 —— 大平 聡
5 天智天皇 —— 須原祥二
6 天武天皇と持統天皇 —— 義江明子
7 聖武天皇 —— 寺崎保広
8 行基 —— 鈴木景二
9 藤原不比等 —— 坂上康俊
10 大伴家持 —— 鐘江宏之
11 桓武天皇 —— 西本昌弘
12 空海 —— 曾根正人
13 円仁と円珍 —— 平野卓治
14 菅原道真 —— 大隅清陽
15 藤原良房 —— 今 正秀
16 宇多天皇と醍醐天皇 —— 川尻秋生
17 平将門と藤原純友 —— 下向井龍彦
18 源信と空也 —— 岡野浩二
19 藤原道長 —— 大津 透
20 清少納言と紫式部 —— 丸山裕美子
21 後三条天皇 —— 美川 圭
22 源義家 —— 野口 実
23 奥州藤原三代 —— 斉藤利男
24 後白河上皇 —— 遠藤基郎
25 平清盛 —— 上杉和彦
26 源頼朝 —— 高橋典幸
27 重源と栄西 —— 久野修義
28 法然 —— 平 雅行
29 北条時政と北条政子 —— 関 幸彦
30 藤原定家 —— 五味文彦
31 後鳥羽上皇 —— 杉橋隆夫
32 北条泰時 —— 三田武繁
33 日蓮と一遍 —— 佐々木馨
34 北条時宗と安達泰盛 —— 福島金治
35 北条高時と金沢貞顕 —— 永井 晋
36 足利尊氏と足利直義 —— 山家浩樹
37 後醍醐天皇 —— 本郷和人
38 北畠親房と今川了俊 —— 近藤成一
39 足利義満 —— 伊藤喜良
40 足利義政と日野富子 —— 田端泰子
41 蓮如 —— 神田千里
42 北条早雲 —— 池上裕子
43 武田信玄と毛利元就 —— 鴨川達夫
44 フランシスコ＝ザビエル —— 浅見雅一
45 織田信長 —— 藤田達生
46 徳川家康 —— 藤井讓治
47 後水尾院と東福門院 —— 山口和夫
48 徳川光圀 —— 鈴木暎一
49 徳川綱吉 —— 福田千鶴
50 渋川春海 —— 林 淳
51 徳川吉宗 —— 大石 学
52 田沼意次 —— 深谷克己
53 遠山景元 —— 藤田 覚
54 酒井抱一 —— 玉蟲敏子
55 葛飾北斎 —— 大久保純一
56 塙保己一 —— 高埜利彦
57 伊能忠敬 —— 星埜由尚
58 近藤重蔵と近藤富蔵 —— 谷本晃久
59 二宮尊徳 —— 舟橋明宏
60 平田篤胤と佐藤信淵 —— 小野 将
61 大原幽学と飯岡助五郎 —— 高橋 敏
62 ケンペルとシーボルト —— 松井洋子
63 小林一茶 —— 青木美智男
64 鶴屋南北 —— 諏訪春雄
65 中山みき —— 小澤 浩
66 勝小吉と勝海舟 —— 大口勇次郎
67 坂本龍馬 —— 井上 勲
68 土方歳三と榎本武揚 —— 宮地正人
69 徳川慶喜 —— 松尾正人
70 木戸孝允 —— 一坂太郎
71 西郷隆盛 —— 徳永和喜
72 大久保利通 —— 佐々木克
73 明治天皇と昭憲皇太后 —— 佐々木隆
74 岩倉具視 —— 坂本一登
75 後藤象二郎 —— 村瀬信一
76 福澤諭吉と大隈重信 —— 池田勇太
77 伊藤博文と山県有朋 —— 西川 誠
78 井上馨 —— 神山恒雄
79 河野広中と田中正造 —— 田崎公司
80 尚泰 —— 川畑 恵
81 森有礼と内村鑑三 —— 狐塚裕子
82 重野安繹と久米邦武 —— 松沢裕作
83 徳富蘇峰 —— 中野目徹
84 岡倉天心と大川周明 —— 塩出浩之
85 渋沢栄一 —— 井上 潤
86 三野村利左衛門と益田孝 —— 森田貴子
87 ボワソナード —— 池田眞朗
88 島地黙雷 —— 山口輝臣
89 児玉源太郎 —— 大澤博明
90 西園寺公望 —— 永井 和
91 桂太郎と森鷗外 —— 荒木康彦
92 高峰譲吉と豊田佐吉 —— 鈴木 淳
93 平塚らいてう —— 差波亜紀子
94 原敬 —— 季武嘉也
95 美濃部達吉と吉野作造 —— 古川江里子
96 斎藤実 —— 小林和幸
97 田中義一 —— 加藤陽子
98 松岡洋右 —— 田浦雅徳
99 溥儀 —— 塚瀬 進
100 東条英機 —— 古川隆久

〈白ヌキ数字は既刊〉